Wiebke Iven

Wir werden eine plastikfreie Klasse!

Plastik vermeiden und Müll reduzieren

Ein Ideengeber mit direkt einsetzbaren Kopiervorlagen

Verlag an der Ruhr

Impressum

Titel

Wir werden eine plastikfreie Klasse! Plastik vermeiden und Müll reduzieren

Ein Ideengeber mit direkt einsetzbaren Kopiervorlagen

Autorin

Wiebke Iven

Umschlagmotive und Motive im Innenteil

Fotolia.com: Plastik-Hintergrund © marqs; Weltkugel © SweetRenie; Becher © anoli; Tüte © orinocoArt; Papier-Hintergrund © flas100; photocase.de: Flasche © suze

Druck

Heenemann GmbH & Co. KG, Berlin, DE

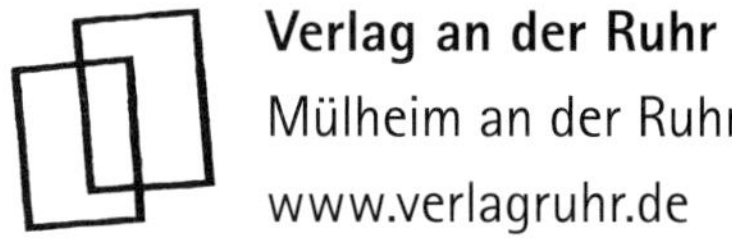

Verlag an der Ruhr
Mülheim an der Ruhr
www.verlagruhr.de

Geeignet für die Klassen 3–6

ISBN 978-3-8346-4179-3

Inhalt

Arbeitsblätter

Vorwort

Plastik – es ist überall zu finden: in unserem Haushalt, in unserer Kleidung und sogar in unserem Essen. Doch besonders das Thema „Plastikmüll" wird uns noch lange beschäftigen. Er verschmutzt unsere Meere, verschwindet erst nach Hunderten von Jahren und ist schlecht für unsere Gesundheit. Seit ein paar Jahren wird immer deutlicher, dass Plastik unserer Erde immens zusetzt: angefangen bei der Herstellung bis hin zur Zersetzung.

Doch warum sollten wir denn schon Schulkinder mit einem Thema belasten, mit dem wir Erwachsenen selbst noch nicht fertig werden?
Eben genau deshalb! Damit ein plastikfreies Leben für Kinder nicht zur Belastung wird, sondern etwas völlig Normales ist. Es liegt in unserer Verantwortung, unsere Kinder auf ein umweltbewusstes Leben vorzubereiten. Sie sind unsere Zukunft. Aber wir müssen dafür sorgen, dass sie noch eine Zukunft haben. Wir sollten sie deshalb zu autonomem, zukunftsorientiertem Konsum erziehen.

Ein schwieriges Unterfangen?
Ihre Schülerinnen und Schüler werden es Ihnen leicht machen, denn Kinder möchten zu Heldinnen und Helden werden. Sie sehen das Unrecht in der Welt und ihnen ist klar, dass gehandelt werden muss. Themen wie die Umweltverschmutzung sind ihnen sehr wichtig. Doch dann fühlen sie sich zu klein und zu leise, um etwas dagegen tun zu können. Oftmals nehmen ihnen die Erwachsenen ihre Illusionen und weisen den Kindern ihre Grenzen auf, wie „Das ist viel zu teuer!" oder „Dafür bräuchtest du schon einen Zauberstab!".
Dieses Heft möchte den Kindern Möglichkeiten aufzeigen, wie jeder oder jede ein Held oder eine Heldin werden kann. Es geht darum, ganz klein anzufangen, sich auszuprobieren und zu steigern. Sie werden erfahren, wie leicht es sein kann, die Welt ein kleines Stück besser zu machen. Und wenn jede und jeder sie ein kleines Stück besser macht, dann können wir die Welt gemeinsam retten. Denn das sollten Sie auch Ihren Kindern deutlich machen: Du musst die Welt nicht allein retten. Wenn alle ein bisschen mithelfen, schaffen wir es gemeinsam.

Natürlich ist die Welt nicht gerettet, sobald Ihre Klasse auf Plastik verzichtet. Aber die veränderte Einstellung der Kinder wird mit der Zeit ihre Früchte tragen. Mit diesem Themenheft soll den Schülerinnen und Schülern der Einstieg in eine umweltfreundliche Zukunft erleichtert werden. Mit methodisch vielfältigen Arbeitsblättern wird ihnen das Thema nähergebracht. Das Heft enthält viele direkt anwendbare Ideen und zukunftsweisende Projekte, die das Umweltbewusstsein der Kinder stärken und den Klassenraum sowie den eigenen Alltag plastikfrei(er) machen werden. Die Übungen und Selbstkontrollen haben einen nachhaltigen Effekt und führen die Schülerinnen und Schüler dazu, ihr Konsumverhalten langfristig zu überdenken.

Grundsätzliche Hinweise

Damit der Einstieg ins Thema mit den Kindern leicht und unbeschwert gelingt, sollten Sie ein paar grundsätzliche Aspekte beachten. Der wichtigste ist die Einstellung. Ein plastikfreies Leben oder in diesem Fall eine plastikfreie Klasse ist nicht über Nacht möglich. Es geht darum, Gewohnheiten und alltägliche Tätigkeiten umzustrukturieren und das, ohne auf etwas verzichten zu müssen. Ein plastikfreies Leben soll demnach keinen Verzicht bedeuten, sondern nur eine Umgewöhnung. Genauso sieht es im Klassenraum aus. Ein schneller und radikaler Wechsel kann schnell zu Überforderung führen und damit das Projekt zum Scheitern verurteilen. Lassen Sie es Ihnen und Ihren Schülerinnen und Schülern zuliebe langsam angehen. Stückchen für Stückchen – Schritt für Schritt zu einer plastikfreien Klasse.

Zu der genannten Einstellung gehört auch Ihre eigene. Bevor Sie in die Unterrichtsreihe einsteigen, sollten Sie sich selbst fragen, warum Sie Ihre Klasse plastikfrei bekommen möchten. Dabei ist eine konkrete Geschichte, die Sie Ihren Kindern erzählen können, von Vorteil. Sie motiviert die Kinder und lässt sie über ihre eigenen Beweggründe nachdenken. Zudem sollten Sie sich fragen, welche Erwartungen Sie an Ihre Klasse haben. Sind diese Erwartungen zu hoch, führt dies schnell zu Frustration; sind sie zu niedrig, fehlt den Schülerinnen und Schülern der Sinn für den Aufwand. Im Großen und Ganzen gilt: Machen Sie mit! Eine plastikfreie Klasse zu werden, bedeutet, dass alle – auch Sie als Lehrkraft – mit anpacken müssen. Gehen Sie mit gutem Beispiel voran!

Das wird nicht immer leicht sein. Die Umstellung wird ein Prozess sein, der innerlich und äußerlich stattfindet. Und es wird Augenblicke bei Ihnen und bei Ihrer Klasse geben, in denen Überforderung eintritt. Deshalb hier der Hinweis: Nehmen Sie sich kleine Ziele vor und feiern Sie diese Ziele mit den Kindern. Zudem gilt: Es darf und muss zuweilen Ausnahmen geben, die erst später oder vielleicht sogar nie weggelassen werden können.

Und zum Schluss: Trotz aller Arbeit kann es viel Spaß machen, das Leben umzukrempeln und Alternativen zu finden. Räumen Sie immer wieder Zeit zum Erzählen ein, in der Sie und die Kinder von den neusten Erfolgen berichten, seien sie auch noch so klein. Jeder Erfolg sollte Anerkennung finden. Also ganz wichtig: Haben Sie Spaß dabei! Dann überträgt sich das auch auf Ihre Schülerinnen und Schüler.

Didaktische Hinweise

Dieses Themenheft bietet Ihnen die Möglichkeit, die **Länge Ihrer Unterrichtsreihe** frei zu wählen. Die Materialien können aufbauend aufeinander eingesetzt werden oder einzeln. Sie können das Thema zum Projekt machen und jeden Tag daran arbeiten oder es in den Unterrichtsfluss einbauen und Ihren eigenen Turnus wählen. Die Zusammenstellung der Materialien ist in eine sinnvolle Reihenfolge gebracht, von der Sie jedoch abweichen können. Nur vereinzelt bauen die Aufgaben aufeinander auf.
Um die Arbeitsblätter zusammenzuhalten – insbesondere wenn sie eine längere Zeit mit den Materialien arbeiten wollen –, bieten sich **Papphefter oder Pappstreifen** an.

Die Aufgaben sind **für die dritte bis sechste Klasse** ausgelegt, doch gibt es Aufgaben, die für die unteren oder die oberen Klassen aufgrund des Anspruchs weniger geeignet sind.

Es können **Wiederholungen zwischen den Aufgaben und Arbeitsblättern** auftreten, da Sie die Arbeitsblätter auch einzeln einsetzen können. Wenn Sie mehrere Arbeitsblätter zum gleichen Thema verwenden, dienen die Wiederholungen jedoch zur Vertiefung, da sich hauptsächlich wichtige Fakten wiederholen.

In dem Heft geht es oft darum, dass ein Plastikteil gegen ein Nicht-Plastikteil ausgetaucht werden soll. Ganz wichtig ist dabei, die **Plastikteile erst auszutauschen, wenn sie nicht mehr benötigt werden oder beschädigt sind**.

Genauso sollte darauf hingewiesen werden, dass es **nicht Sinn der Sache** ist, die **Plastikverpackung zu Hause zu entfernen**, damit die mitgebrachten Sachen plastikfrei sind.

Themeneinstiege

Was ist eigentlich alles aus Plastik? Bevor die Kinder sich damit beschäftigen können, wie sie Plastik vermeiden, müssen Sie zunächst einmal verstehen, was Plastik eigentlich ist. In der Schule wird schnell klar, dass die Kinder wissen, was sie noch brauchen können und was Abfall ist. Aber spätestens bei der Mülltrennung wird deutlich, dass es für die Kinder gar nicht so leicht ist, zu unterscheiden, woraus der Müll gemacht wurde. Daher finden Sie hier verschiedene Unterrichtseinstiege zum Thema, die jedoch auch kombiniert werden können. Ebenso können Sie mit dem Arbeitsblatt „Was ist eigentlich Plastik?" (S. 18) starten.
Die Einstiege können universell als Themen- oder Stundeneinstiege genutzt werden.

Warum ist es für mich wichtig, auf Plastik zu verzichten?

Material:
- ein großes Plakat
- bunte Zettel zum Beschreiben

Sozialformen:
Plenum oder Gruppenarbeit

Durchführung:
Besprechen Sie zunächst im Plenum, warum Ihre Klasse gern auf Plastik verzichten will. Dafür sollte sie vorher bereits einige Konsequenzen, die Plastikmüll hervorruft, kennengelernt haben. Sammeln Sie die Gründe an der Tafel.
Danach schreiben die Schülerinnen und Schüler konkrete Gründe auf, warum sie ihren Plastikmüll reduzieren wollen. Diese Zettel werden auf ein Plakat geklebt, das zusätzlich mit einer Überschrift und passenden Bildern bestückt werden kann. Hängen Sie das Plakat in bzw. vor der Klasse oder an einem anderen Ort in der Schule auf, sodass es von allen Mitschülerinnen und Mitschülern gesehen werden kann. Das Plakat soll die Schülerinnen und Schüler in ihrem Ziel, „plastikfrei zu leben", bestärken und motivieren. In Zeiten, in denen die Moral sinkt und die Motivation nachlässt, kann das Plakat wieder aufgegriffen werden und alle daran erinnern, warum sie weiterkämpfen wollen.
Schreiben Sie konkrete Gründe gegen Plastikmüll auf die Zettel und kleben Sie diese auf das Plakat.

Beispiele:
Wir wollen auf Plastik verzichten, weil ...
- ich kein Mikroplastik in meinem Essen möchte.
- Plastikschlingen Schildkröten töten.
- mein Hund draußen keine Plastikteile fressen soll.

Ziel:
Durch die Aussprache und das Aufschreiben der Gründe gegen Plastikmüll wird den Schülerinnen und Schülern klar, warum sie die zusätzliche Arbeit auf sich nehmen. Ihnen soll so die Bedeutung ihres Vorhabens verdeutlicht werden.

Klassenmüll schätzen

Material:
- Plastikverpackungen, die in der Klasse weggeworfen werden
- ein Sack o. Ä., in dem die Teile gesammelt werden können

Vorbereitung:
Der Plastikmüll, den die Klasse in einer Frühstückspause, an einem Tag oder in einer Woche verursacht, wird gesammelt und außerhalb des Sichtfeldes der Kinder gelagert. Unangenehme Gerüche können besonders im Sommer auftreten, daher ist es ratsam, die Plastikteile kurz mit Wasser auszuspülen.

Sozialformen:
Ein Gesprächskreis fördert ein angeregtes Gespräch. Jedoch ist jede Sozialform möglich, bei der die Schülerinnen und Schüler das Material gut sehen können. Sie

können den Müll auch auf einem großen Tisch ausbreiten, um den alle Kinder stehen.

Durchführung:
Bevor die Kinder die tatsächliche Menge an Plastik zu sehen bekommen, die über den gewählten Zeitraum gesammelt wurde, sollen sie zunächst schätzen, wie viel Plastikmüll sie verursacht haben. Die folgenden Fragen können dabei helfen (der Zeitraum muss ggf. angepasst werden):

- Welche Farbe/Welches Schild hat unser Plastikmülleimer?
- Wer hat heute etwas aus Plastik in den Müll geworfen?
- Wie viele Plastikteile hatte dein Frühstück?
- Wie oft bist du heute zum Plastikmülleimer gelaufen?
- Wie oft hat der Klassendienst den Plastikmülleimer diese Woche geleert?

Die Kinder beantworten die Fragen in Form von Handzeichen oder einer mündlichen Antwort. Die Ergebnisse werden an der Tafel für alle sichtbar aufgeschrieben. Am Ende wird gemeinsam ausgerechnet, wie viele Plastikmüllteile in dem Zeitraum gesammelt wurden. Anschließend wird der Sack o. Ä. mit dem gesammelten Plastik für alle sichtbar ausgebreitet und gezählt. In den unteren Klassen können die Schülerinnen und Schüler noch mal schätzen, wie viele Plastikteile dort ausgebreitet liegen. Die tatsächliche Anzahl der gesammelten Teile wird an die Tafel geschrieben.

Reflexion:
Die errechnete/geschätzte Zahl und die tatsächliche Anzahl an Teilen sollten nebeneinander an der Tafel aufgeführt werden. Nun kann gemeinsam verglichen werden. Sind es mehr oder weniger Teile als zuvor angenommen? Wie kommen die Unterschiede zustande?

Weiterführende Fragen und Aufgaben:

- Wann/Wofür verbrauchen wir in der Schule den meisten Plastikmüll?
- Was ist alles in Plastik verpackt?
- Macht eine Liste mit allen Plastikverpackungen, die ihr zu Hause wegwerft. Am nächsten Tag wird eine Umfrage gemacht. Gestalten Sie diese am besten anonym, da zu diesem Zeitpunkt den Schülerinnen und Schülern bereits bewusst sein sollte, dass ein hoher Plastikverbrauch schlecht ist. Um kein Kind vorzuführen, kann die Umfrage per Zettel erfolgen, die dann an der Tafel zusammengeführt werden: Wie viele Plastikverpackungen habt ihr zu Hause verbraucht? Wofür habt ihr das meiste Plastik gebraucht?

Ziel:
Die Schülerinnen und Schüler lernen das Material Plastik kennen und bekommen ein Gefühl für die Mengen an Plastikmüll, die sie produzieren.

Material-Regatta

(Für Sportunterricht, Schulhof, Klassenfahrt etc.)

Material:
keines (evtl. Turnbänke)

Vorbereitung:
Teilen Sie die Gruppe in gleich große Mannschaften ein. Ca. acht bis zwölf Kinder können in einer Mannschaft sein (bei einer bewegungsfreudigeren Klasse können die Mannschaften auch kleiner sein; je kleiner die Gruppe, desto öfter kommen die Kinder dran).
Jede Mannschaft setzt sich wie in einer Ruderregatta hintereinander auf den Boden oder auf eine Turnbank. Die Mannschaften sitzen in ihren Reihen nebeneinander mit ein wenig Abstand zwischen ihnen. Jedem Kind in der Mannschaft wird eine Zahl zugeordnet. Am einfachsten wird von vorn durchgezählt.

Sozialformen:
Gruppenspiel

Spielverlauf:
Stellen Sie sich vor die Mannschaften und vergeben Sie Aufträge, indem Sie eine Nummer und ein Material auswählen (z. B. „Die Nummer sechs holt mir etwas aus Holz"; „Ein Plastikteil besorgt mir bitte die Nummer drei" ...).
Das jeweilige Kind mit der angesagten Nummer aus jeder Mannschaft läuft los und sucht einen Gegenstand aus dem gewünschten Material. Das Kind, das als erstes das passende Stück bei der Lehrkraft abgibt, holt den Punkt für seine Mannschaft. Wenn alle Kinder zurück sind, beginnt eine neue Runde. Die Kinder, die nicht an der Reihe sind, feuern das laufende Kind an. Es kann beliebig lange gespielt werden, es ist jedoch empfehlenswert, dass jeder aus der Gruppe mindestens einmal dran war.

Tipp:
Das Spiel kann auf ein beliebiges Gebiet ausgeweitet werden. Jedoch sollte ein Spielbereich ausgemacht werden (z. B. nur der Schulhof, nur in der Klasse, nur in der Sporthalle und den Umkleiden ...).

Ziel:
Die Schülerinnen und Schüler lernen verschiedene Materialien besser kennen und nehmen sie mit allen Sinnen wahr. Durch schnelle Entscheidungen wird bereits Gelerntes abgerufen und überprüft.

Was ist das?

Material:
ein Materialpaket pro Gruppe: Jede Gruppe erhält mindestens fünf Dinge aus verschiedenen Materialien (z. B. Plastikbecher, Bleistift, Schraubenmutter, Glas und einen Stein). Jede Gruppe erhält die gleichen Materialien.

Vorbereitung:
Teilen Sie die Klasse in Gruppen (jeweils max. fünf bis sieben Kinder) ein. Die Gruppen verteilen sich im Raum, sodass sie sich ungestört besprechen können. Jede Gruppe erhält das gleiche Materialpaket. Die Gegenstände werden in der Mitte ausgebreitet.

Sozialform:
Gruppenarbeit

Durchführung:
Die Gruppen bekommen einen Augenblick Zeit, sich die Materialien anzusehen. Sie dürfen sich dabei leise besprechen. Nennen Sie ein Material, das die Gruppen aussuchen müssen. Auf ein Zeichen müssen sie das ausgewählte Teil hochhalten. Alle, die das richtige Teil gewählt haben, bekommen einen Punkt. Die Gruppen, die den Punkt gewinnen, nennen eine Eigenschaft des Materials, durch die sie ihre Entscheidung getroffen haben (z. B. Holz ist weicher als Metall; Plastik hat keine Fasern ...).
Steigerungsmöglichkeit: Die Gruppen müssen auf Zeit das richtige Stück auswählen. Nur die Gruppe, die das richtige Teil als erste hochhält, gewinnt den Punkt.

Spielvariante:
Die Gruppen spielen untereinander. Jede Gruppe übernimmt einmal die Aufgabe der Spielleitung. Sie muss auch entschieden, ob die anderen Gruppen das richtige Material hochhalten. Bei dieser Variante sollten die Gruppen unterschiedliche Materialien bekommen.

Ziel:
Die Schülerinnen und Schüler lernen unterschiedliche Materialien kennen und vergleichen sie. Durch die Wiederholung prägen sich die Eigenschaften der Materialien ein.

Themeneinstiege

Schätz doch mal

Material:
- Tafel
- evtl. farbige Magnete

Sozialformen:
Plenum, im Kinositz

Durchführung:
Nach Bedarf kann zunächst als Einleitung der kleine Text vorgelesen werden:
„Sieh dich mal um. Wie viele Sachen aus Plastik kannst du jetzt gerade sehen? Vieles davon benutzt du jeden Tag. Manches davon hast du schon lange, anderes benutzt du nur wenige Sekunden, bevor es im Müll landet. Plastik kann so vieles und sieht auch noch schön bunt aus. Also wo ist das Problem? Ein ganz großes Problem ist der Müll, der entsteht, wenn wir das Plastikteil nicht mehr brauchen."
Nun sollen die Kinder die nächsten drei Schätzfragen zunächst für sich beantworten. Erstellen Sie dann einen Zahlenstrahl an der Tafel. Die Kinder dürfen ihre Schätzungen vortragen, nach Bedarf auch mit Begründung. Die Schätzungen werden in den Zahlenstrahl eingetragen. So können sich die nächsten Kinder an den vorigen orientieren. Am Ende jeder Runde wird noch das tatsächliche Ergebnis im Zahlenstrahl notiert. Machen Sie durch eine andere Farbe oder einen bunten Magneten deutlich, welche Zahl die Lösung ist.

Schätzfragen mit Lösungen:
- Unser Müll landet ganz oft in den Meeren. Dort entstehen ganze Müllinseln. Wie groß ist die größte bekannte Müllinsel derzeit?
  Lösung: 1.600.000 km^2 (ca. 4-mal so groß wie Deutschland)
- Wie lange braucht eine PET-Flasche, um sich im Meer vollständig zu zersetzen?
  Lösung: ca. 450 Jahre (jedoch ist das Plastik dann nicht weg; es hat sich in Mikroplastik verwandelt, das weiterhin im Meer schwimmt)
- Wie viele Tonnen Plastikmüll landen pro Jahr im Meer?
  Lösung: 10 Millionen Tonnen – und es wird immer mehr.

Ziel:
Die Schülerinnen und Schüler entwickeln eine Vorstellung von den Ausmaßen des Plastikmüll-Problems.

In welche Tonne kommt das?

Material:
- verschiedene Alltagsgegenstände oder Verpackungen aus verschiedenen Materialien (für jedes Kind der Klasse ein Teil)
- Bilder von den Mülltonnen, am besten verstärkt auf festem Papier (alternativ reale Papierkörbe und Mülltonnen, die jedoch leer und sauber sein sollten)

Vorbereitung:
Die Kinder sitzen im Kreis und erhalten einen der Gegenstände. Legen Sie die Mülltonnenbilder mit ausreichend Abstand in die Mitte.

Sozialformen:
Sitzkreis, Plenum

Durchführung:
Sollte das die erste Berührung mit unterschiedlichen Materialien sein, empfiehlt es sich, zunächst eine kleine Einführungsrunde zu machen. Besprechen Sie dazu gemeinsam, in welche Mülltonne die Materialien gehören. Beispielhaft können die Kinder einzelne Dinge zu den Mülltonnen legen.
Für das Spiel erhalten alle Kinder einen Gegenstand. Sie dürfen sich ein paar Sekunden orientieren. Auf Kommando stellen sie sich zu der Mülltonne, in die sie ihren Gegenstand werfen würden, wenn dieser kaputt wäre.

Sie legen den Gegenstand um die Mülltonne herum und setzen sich wieder in den Kreis. Gemeinsam werden die Sachen angesehen und besprochen:

- Warum gehört das in diesen Mülleimer?
- Warum gehört dieses Teil nicht in diesen Mülleimer?
- Wenn es da nicht hineingehört, wohin muss es dann?

Ziel:
Die Schülerinnen und Schüler lernen unterschiedliche Materialien kennen und sortieren sie. Sie können die Gegenstände den richtigen Mülltonnen zuordnen.

Was ist im Plastikmüll?

Material:
- gesammelter Müll
- eine Tabelle (an der Tafel o. Ä.)
- Stifte
- Platz, um den Müll auszubreiten und zu sortieren

Vorbereitung:
Der Plastikmüll der Klasse wird für ein paar Tage gesammelt. Wenn genug zusammengekommen ist, werden die Plastikteile für alle sichtbar ausgelegt.

Sozialformen:
Sitzkreis, Kinositz oder frontal

Durchführung:
Variante 1: Jedes Teil wird hochgehalten und von den Schülerinnen und Schülern benannt.
Variante 2: Die Schülerinnen und Schüler gehen im Museumsgang um den Müll herum, sodass sie alle Stücke einmal sehen konnten.
Sie suchen nun Kategorien, nach denen die Müllteile sortiert werden können (z. B. Verpackungen für Nahrung, Verpackungen für Getränke, Plastikschnipsel, beschädigte Teile ...). Gemeinsam wird nun der Müll sortiert und in einer Tabelle festgehalten.
Abschließend wird in einer weiteren Spalte nach Möglichkeiten gesucht, wie dieser Müll hätte vermieden werden können (z. B. beschädigten Anspitzer reparieren; statt Frischhaltefolie Brotdose verwenden ...). Da diese Aufgabe am Anfang der Unterrichtsreihe stehen kann, haben die Kinder eventuell nur wenige Ideen zur Vermeidung des Mülls. In diesem Fall kann die Tabelle auf ein Plakat übertragen und zu einem späteren Zeitpunkt in der Unterrichtsreihe vervollständigt werden.

Ziel:
Die Schülerinnen und Schüler nehmen ihren Plastikkonsum bewusst wahr. Sie entwickeln erste Ideen zur Vermeidung von Plastikmüll.

Tipps:
- Der gesammelte Plastikmüll sollte vor der Ausbreitung einmal durchgespült werden, damit der Unterricht nicht durch üble Gerüche gestört wird.
- Vermeiden Sie, dass weder Sie selbst noch die Kinder einzelne Müllteile denjenigen Kindern zuordnen, die diesen Müll verursacht haben.

Plastik-Plakate

Material:
- viele verschiedene Werbeprospekte
- Schere
- Kleber
- ein Plakat pro Gruppe

Vorbereitung:
Die Schülerinnen und Schüler sammeln das Material und bringen es mit zur Schule. Es bietet sich an, einen Ort dafür zu schaffen, an dem die Kinder die gesammelten Papiere auslegen können.
Bilden Sie Gruppen mit ca. fünf bis acht Kindern.

Sozialform:
Gruppenarbeit

Durchführung:
Die gesammelten Papiere werden auf einem Tisch ausgebreitet. Die Gruppen suchen zunächst nach einer passenden Überschrift für ihr Plakat und gestalten sie. Dann suchen sie in den Zeitschriften und Werbeprospekten nach Dingen, die aus Plastik sind oder Plastik enthalten (ggf. auch Mikroplastik, sollte dieser Begriff schon geklärt sein). Die passenden Bilder werden nun ausgeschnitten, auf das Plakat geklebt und beschriftet. Anschließend werden die Plakate vorgestellt und verglichen.

Mögliche Weiterarbeit:
Hängen Sie die fertigen Plakate nach Möglichkeit auf. Durch die Beschäftigung mit dem Thema „Plastikvermeidung" begegnen den Schülerinnen und Schülern zunehmend Alternativen zu den Dingen, die sie auf die Plakate geklebt haben. Diese Alternativen können in Text- oder Bildform auf oder neben die Plastikvariante geklebt werden. Ziel ist es, dass es für alle Plastikteile am Ende eine plastikfreie Alternative gibt.

Ziel:
Die Schülerinnen und Schüler lernen das Material Plastik kennen und erhalten einen Eindruck von der Plastikvielfalt, die sie in ihrem eigenen Alltag benutzen. Sie lernen bei der Weiterarbeit mit den Plakaten Alternativen zu ihren Alltagsgegenständen kennen.

Schultaschen-Plastik

Material:
- Schultaschen der Schülerinnen und Schüler (und der Lehrkraft)
-  Papier
- Stifte

Vorbereitung:
Für die Auflistung der Plastikteile kann vorab eine Tabelle erstellt werden:

Datum:	Vorhandene Plastikteile in der Schultasche:	Erfolge:
15.10.19	Anspitzer, Filzstifte, Brottüte, Verpackung von ...	
16.10.19	Anspitzer, Filzstifte, Kleber ...	keine Brottüte mehr
17.10. ...	...	...

Sozialformen:
Einzelarbeit

Durchführung:
Die Kinder erhalten jeweils eine Tabelle oder fertigen sich selbst eine an. Die Tabelle enthält eine Spalte für das Datum und eine für vorhandene Plastikteile. Zudem kann eine dritte Spalte für die Veränderungen angelegt werden, sodass diese leichter beobachtet werden können.
In Einzelarbeit räumt nun jedes Kind seine Schultasche aus und listet die Plastikteile auf. Diese Auflistung wird mehrfach wiederholt. Der Turnus kann variabel bestimmt werden (jeden Tag, jede Woche, unregelmäßig). Am Ende vergleichen die Kinder, wie sich ihr Plastikkonsum in ihrer Tasche verändert hat: Haben sie nun mehr oder weniger Plastikteile dabei? Diese Aufgabe kann über die gesamte Unterrichtsreihe durchgeführt werden.

Themeneinstiege

Besonders schön ist es, wenn am Ende der Reihe die persönlichen Erfolge der Kinder zusammengetragen und in der Klasse aufgehängt werden.
Beispiel: „Tom verzichtet nun auf Filzstifte. Er hat nur noch Holzstifte dabei."
„Lisa und Gerret benutzen keine Plastiktüten mehr. Sie haben jetzt Brotdosen dabei."

Diese Sammlung der Erfolge kann auch als Zwischenergebnis durchgeführt werden. Somit werden die Schülerinnen und Schüler an ihre Ziele erinnert und erneut motiviert, sich um Alternativen zu bemühen.

Wichtig: Auch hier gilt wieder, dass Plastikteile, die noch funktionstüchtig sind, nicht weggeworfen werden sollen. Sobald sie nicht mehr zu gebrauchen sind, können sie durch eine plastikfreie Alternative ersetzt werden.

Ziel:
Die Schülerinnen und Schüler nehmen ihren Plastikkonsum bewusst wahr und suchen nach Alternativen. Sie lernen, auf plastikfreie Varianten umzusteigen.

Ich sehe ein Material, das du nicht siehst

Material:
ein Raum (z. B. Klassenraum), in dem verschiedene Materialien zu finden sind

Vorbereitung:
Die Tische und Stühle werden beiseitegeschoben, sodass sich die Kinder gefahrlos im Raum bewegen können.

Sozialformen:
Plenum

Spielverlauf:
Nennen Sie (oder später auch ein Schüler oder eine Schülerin) ein Material. Die Kinder müssen schnell zu einem Gegenstand laufen, der aus dem genannten Material ist.
Wer den passenden Gegenstand am schnellsten gefunden hat, darf das Spiel in der nächsten Runde leiten.
Zweite Runde des Spiels: Die Spielleitung nennt Dinge im Raum, zu denen die anderen Kinder hingehen. Sollte der Gegenstand allerdings aus Plastik sein, müssen sie stehen bleiben und dürfen sich nicht bewegen.

Ziel:
Die Schülerinnen und Schüler lernen unterschiedliche Materialien kennen und unterscheiden sie aufgrund ihrer Beschaffenheit.

Ich packe meinen Koffer …

Die Schülerinnen und Schüler haben bereits Alternativen kennengelernt, die sie anstelle eines Plastikstücks nutzen können. Um diese Ideen zu verinnerlichen, ist es gut, wenn die Kinder aussprechen, was sie ändern wollen. Einmal ausgesprochen, fällt es ihnen auch in ihrem privaten Umfeld leichter, ihre Ideen weiterzugeben und andere anzuregen. Das Gedächtnisspiel „Ich packe meinen Koffer" ist recht bekannt. Mit einer kleinen Abwandlung kann es den Schülerinnen und Schülern helfen, das Gelernte zu verinnerlichen. Diese Version des Spieles empfiehlt sich nach einem der folgenden Arbeitsblätter „Mein Plastik-Memo" (S. 21/22), „Mein Plastik-Tagebuch" (S. 40–51) oder „Mein Plastikfrei-Ratgeber" (S. 52–55). Es ist auch ein schöner Stundenabschluss und kann sogar zur Festigung des Stoffes genutzt werden.

Material:
Bildkarten oder eine Tafel

Sozialformen:
Plenum, Gruppen- oder Partnerarbeit

Themeneinstiege

<u>Spielanleitung „Original“:</u>
Kind 1 sagt: „Ich packe meinen Koffer und nehme ... mit.“ Es setzt einen Gegenstand ein, den es mitnehmen möchte (z. B. „Ich packe meinen Koffer und nehme eine Schaufel mit.“).
Kind 2 sagt: „Ich packe meinen Koffer und nehme ... und ... mit.“ Das Kind setzt den Gegenstand von Kind 1 ein und dann einen eigenen (z. B. „Ich packe meinen Koffer und nehme eine Schaufel und Sonnencreme mit.“).
Kind 3 wiederholt in seinem Satz die Antworten der vorigen Kinder und setzt am Ende seine eigene ein usw. Das Kind, das einen Gegenstand vergisst, scheidet aus.

<u>Spielanleitung „Plastikfreie Variante“:</u>
Kind 1 sagt: „Ich packe meinen Koffer und nehme ... statt ... mit.“ (z. B. „Ich packe meinen Koffer und nehme eine Holzzahnbürste statt einer Plastikzahnbürste mit.“)
Kind 2 sagt: „Ich packe meinen Koffer und nehme ... und ... statt ... mit.“ (z. B. „Ich packe meinen Koffer und nehme eine Holzzahnbürste und eine Stofftasche statt einer Plastiktüte mit.“) usw.

<u>Tipp 1:</u>
Benutzen Sie Bildkarten mit den Dingen, die in die plastikfreie Variante umgetauscht werden sollen. Natürlich ist das Spiel dann immer noch ein Gedächtnisspiel, aber der Fokus liegt auf den gelernten Varianten, die die Kinder wiedergeben sollen. Die Bildkarten (alternativ kann auch ein Kind an der Tafel mitschreiben) unterstützen die Schülerinnen und Schüler bei den ersten Runden. Bei mehrfacher Wiederholung können sie auch weggelassen werden.

<u>Tipp 2:</u>
Um mit den Kindern einen Vergleich ziehen zu können, kann das Spiel einmal in der Originalversion und danach einmal in der plastikfreien Variante gespielt werden. Dabei sollten jedoch Bildkarten eingesetzt werden, um im Nachhinein leichter einen Vergleich ziehen zu können (siehe Tipp 1). Nach beiden Runden empfiehlt sich eine kleine Reflexionsrunde. Folgende Fragen können Sie dabei den Schülerinnen und Schülern stellen:

- Fiel es dir leicht, die Sachen in plastikfreie Dinge umzutauschen?
- Bei welchen Dingen fiel es dir schwer?
- Wo hast du noch keine plastikfreie Alternative gefunden?
- Wie viele Sachen könnten wir bereits plastikfrei einpacken?

<u>Ziel:</u>
Die Schülerinnen und Schüler nehmen Alternativen zu Plastikgegenständen wahr und verinnerlichen sie.

Erläuterungen und Lösungen zu den Arbeitsblättern

Rund um den Müll (einfache Variante S. 19)

F	A	W	M	Ü	L	L	P	W	G	O	B	M	R	K
Q	P	T	E	C	R	T	L	U	M	W	E	L	T	Z
B	T	G	E	X	S	L	W	G	N	O	J	G	M	I
O	V	M	R	K	J	H	G	D	F	A	Y	H	T	H
K	U	A	P	O	Z	U	B	R	X	Q	P	T	U	K
L	E	B	E	N	S	M	I	T	T	E	L	F	L	Z
N	N	F	X	A	B	V	O	W	D	W	A	B	U	R
K	C	A	R	T	X	B	R	I	S	V	S	J	H	E
H	M	L	H	U	E	P	G	N	M	Y	T	P	K	C
U	Q	L	P	R	E	D	B	V	G	M	I	W	R	Y
M	D	F	G	J	H	K	L	Q	W	E	K	R	T	C
U	Z	V	E	R	P	A	C	K	U	N	G	P	Z	L
S	G	T	B	P	I	P	L	H	M	F	G	R	J	I
H	P	R	T	G	Q	V	E	R	R	O	T	T	E	N
N	B	R	T	S	A	W	N	L	K	S	T	D	F	G

Fossile Rohstoffe – Was ist denn das? (S. 27)

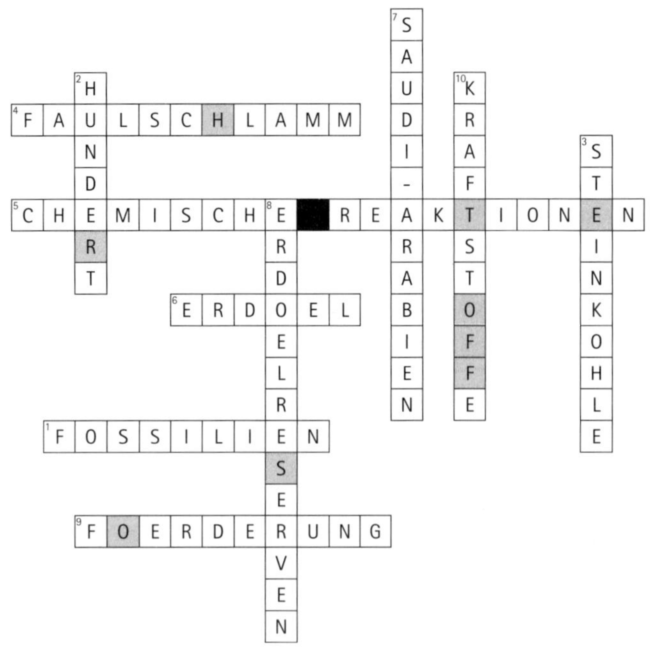

Lösung: Rohstoffe

Rund um den Müll (schwere Variante, S. 20)

Z	G	W	A	C	B	I	O	L	O	G	I	E	L	L	G	F
I	A	Z	R	X	T	Q	W	R	B	P	Ü	C	M	C	K	N
V	L	M	M	I	K	R	O	P	L	A	S	T	I	K	L	Ä
E	T	V	E	R	R	O	T	T	E	N	T	Q	K	U	P	H
R	E	B	L	Z	T	F	C	V	B	J	I	S	R	N	E	R
P	R	R	P	E	H	E	A	S	D	F	C	N	O	S	W	S
A	N	P	X	T	B	Y	R	B	D	S	K	P	O	T	L	T
C	A	I	R	S	B	E	F	D	H	N	S	M	R	S	Z	O
K	T	H	V	E	R	Q	N	Ü	Ö	B	T	D	G	T	L	F
U	I	U	M	T	C	P	H	S	V	L	O	T	A	O	I	F
N	V	M	W	Z	E	Y	R	T	M	Z	F	P	N	F	K	E
G	E	U	D	B	C	V	C	B	B	I	F	N	I	F	M	L
U	N	S	G	U	M	W	E	L	T	K	T	Q	S	N	H	Z
N	V	L	K	T	J	D	H	C	I	B	P	T	M	N	W	I
G	M	P	Q	W	Y	C	G	S	B	N	K	L	E	W	T	F
Z	E	R	S	E	T	Z	U	N	G	A	G	Q	N	L	G	D

Ich esse doch keinen Müll! – Oder etwa doch? (S. 29)

- Wir werfen die Plastikverpackung weg.
- Das Plastik gelangt ins Meer.
- Es zersetzt sich zu Mikroplastik.
- Das Mikroplastik wird von Fischen gefressen.
- Die Fische werden gefangen und zum Verkauf in Plastik verpackt.
- Wir kaufen den Fisch und essen ihn mit Mikroplastik.

Mein Plastik-Memo (S. 21/22)

Vergrößern Sie die beiden Seiten auf A3, damit die Kinder besser mit den Kärtchen spielen können.

Unsere Ziele (S. 37)

Vergrößern Sie die Tabelle auf A3.
Sammeln Sie gemeinsam mit den Kindern kleine Ziele, z. B. „Wir benutzen beim Frühstück keine Plastikverpackungen; wir verwenden keine Einwegflaschen …"
Notieren Sie die Ziele in der Tabelle. Jedes Kind kann

Erläuterungen und Lösungen zu den Arbeitsblättern

am Rand unterschreiben, so bekommt das Blatt einen offiziellen Charakter.
Jedes Kind der Klasse sollte für ein Ziel Inspektor werden (ggf. mehrere Inspektoren pro Ziel). Ihre Aufgabe ist, regelmäßig zu kontrollieren, ob die Ziele erreicht bzw. eingehalten werden. Wenn sie nicht eingehalten werden, wird in der Klasse darüber gesprochen. Kein Kind sollte jedoch vorgeführt werden. Schauen Sie regelmäßig auf die Liste und besprechen Sie, welche Probleme es gibt und wie die restlichen Ziele erreicht werden können.

Neue Erfindungen (S. 39)

Nach all der Tragik, wie es um unseren Planeten steht, ist die Aussicht auf Lösungen ein Lichtblick. Im Laufe der Unterrichtsreihe werden die Kinder immer wieder fragen, warum denn keiner etwas tut oder was denn die Erwachsenen dagegen tun. Das Arbeitsblatt zeigt den Kindern Projekte auf, die derzeit durchgeführt werden. Jedoch sind sie in unterschiedlichen Entwicklungsstadien. Da dies nur eine Auswahl ist, können Sie Ihre Schülerinnen und Schüler auch selbst recherchieren lassen.
In Kleingruppen sammeln sie weitere Informationen zu den genannten Projekten oder zu neuen, noch nicht aufgeführten. Ihre Ergebnisse bringen sie dann zu Papier oder sammeln sie auf einem Plakat und stellen sie der Klasse vor.

Mein Plastik-Tagebuch (S. 40-51)

Das Plastik-Tagebuch besteht aus mehreren Teilen.
Es bietet sich an, das Heft im Ganzen auszudrucken.
Die einzelnen Seiten können ausgeschnitten und geklammert werden.
Das Inhaltsverzeichnis dient als Kontrolle, welche Seiten schon ausgefüllt wurden. Natürlich können Sie bei den einzelnen Seiten auch Themen weglassen. Streichen Sie diese dann im Inhaltsverzeichnis durch.

Die Seite „Tagebucheintrag" (S. 42) muss entsprechend der Anzahl der Tage kopiert werden.
Besprechen Sie mit den Kindern, dass nicht alle Ziele sofort erreichbar sind. Manchmal muss man sogar länger warten, um bestimmte Plastikteile austauschen zu können. Denn es ist wichtig, die Plastikteile erst auszutauschen, wenn diese nicht mehr benötigt werden oder beschädigt sind. Zudem sollte nicht erlaubt sein, die Sachen zu Hause auszupacken und das Plastik zu entfernen, um kein Plastik in die Schule mitzunehmen.
Die Ergebnisse der ersten Aufgabe können Sie an der Tafel begleiten, damit alle Kinder Zeit zum Schreiben haben und gleichzeitig am Unterrichtsgespräch teilnehmen können. Lassen Sie hier ruhig die Kinder das Unterrichtsgespräch führen und übernehmen Sie die Rolle der Moderatorin oder des Moderators.

Arbeitsblätter

Was ist eigentlich Plastik?

1. Schneide die Moleküle aus und bringe sie in die richtige Reihenfolge.
2. Klebe die Molekülkette auf ein Blatt.
3. Lies den Text am Stück.
4. Beantworte die Frage in der Molekülkette.

Plastik besteht aus winzig kleinen Molekülen, die man nur unter einem Mikroskop sehen kann. Sie verbinden sich zu langen

Plastik wird auch Kunststoff genannt. Es ist sehr flexibel. Es kann sich verbinden und dann in alle möglichen Formen

Polyethylen. Es wird für Tüten, Haushaltsgeräte und Spielzeuge, aber auch für die Industrie eingesetzt. Es gibt verschiedene

in Autos, im Bad und in der Küche. Es ist sogar in unserem Essen. Fallen dir 5 Dinge aus Plastik ein, die du jeden Tag brauchst?

Ketten. Durch Erhitzen können sie in jede Form gebracht werden. Wenn sie erkalten, bleiben sie in dieser Form.

gebracht werden. Außerdem ist Plastik günstig und leicht herzustellen. Es hält viele Jahre lang. Doch warum ist das so?

Plastik wird aus Erdöl und ein paar Zusatzstoffen hergestellt. Der beliebteste Kunststoff ist

Arten von Kunststoffen. Manche halten viel Hitze und Druck aus. Andere schmelzen leicht. Plastik ist überall: in Spielzeug,

Rund um den Müll

Plastik, Recycling, Bio ... So viele neue Wörter!
Finde die Wörter im Kasten wieder und markiere sie.
Du kannst sie senkrecht und waagerecht finden.

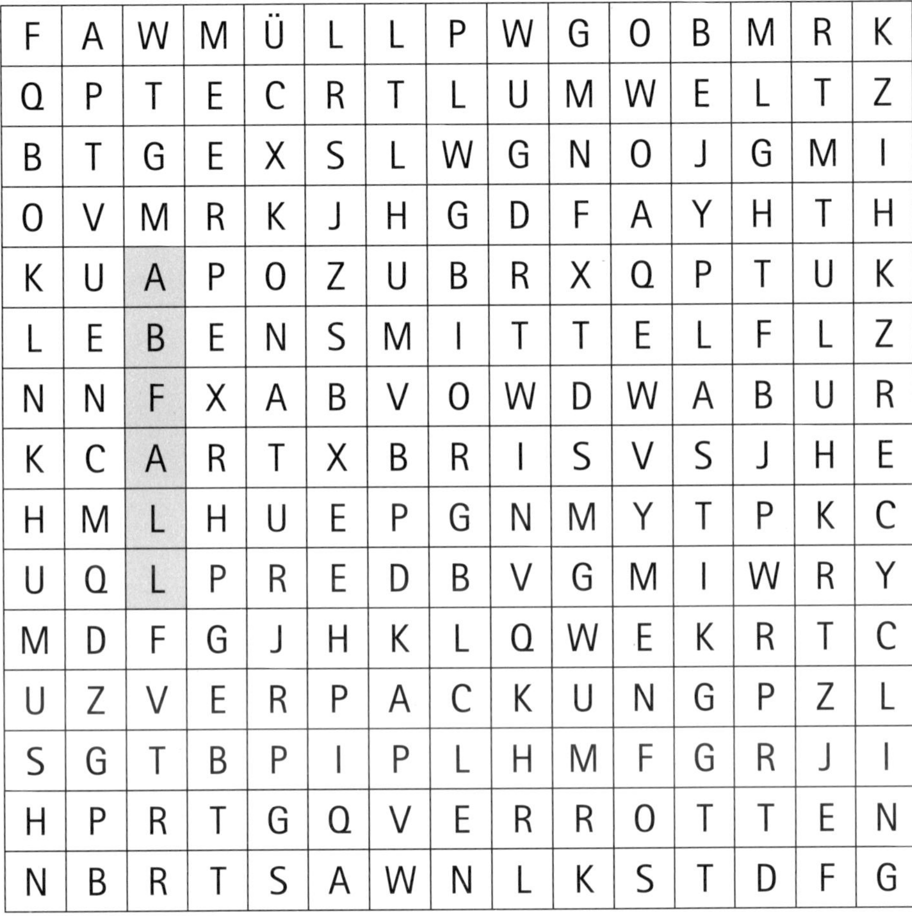

F	A	W	M	Ü	L	L	P	W	G	O	B	M	R	K
Q	P	T	E	C	R	T	L	U	M	W	E	L	T	Z
B	T	G	E	X	S	L	W	G	N	O	J	G	M	I
O	V	M	R	K	J	H	G	D	F	A	Y	H	T	H
K	U	A	P	O	Z	U	B	R	X	Q	P	T	U	K
L	E	B	E	N	S	M	I	T	T	E	L	F	L	Z
N	N	F	X	A	B	V	O	W	D	W	A	B	U	R
K	C	A	R	T	X	B	R	I	S	V	S	J	H	E
H	M	L	H	U	E	P	G	N	M	Y	T	P	K	C
U	Q	L	P	R	E	D	B	V	G	M	I	W	R	Y
M	D	F	G	J	H	K	L	Q	W	E	K	R	T	C
U	Z	V	E	R	P	A	C	K	U	N	G	P	Z	L
S	G	T	B	P	I	P	L	H	M	F	G	R	J	I
H	P	R	T	G	Q	V	E	R	R	O	T	T	E	N
N	B	R	T	S	A	W	N	L	K	S	T	D	F	G

Müll
Plastik
Bio
Meer
verrotten
Humus
Verpackung
Lebensmittel
~~Abfall~~
Natur
Umwelt
Recycling

Schreibe alle Wörter, nach dem Alphabet, geordnet auf.

Abfall		

© Verlag an der Ruhr | Autorin: Wiebke Iven | ISBN 978-3-8346-4179-3 | www.verlagruhr.de
Plastiktüte © orinocoArt – Fotolia.com

Rund um den Müll

Plastik, Recycling, Bio ... So viele neue Wörter!
Finde die 15 Wörter im Kasten und markiere sie.
Du kannst sie senkrecht, waagerecht und diagonal finden.

Z	G	W	A	C	B	I	O	L	O	G	I	E	L	L	G	F
I	A	Z	R	X	T	Q	W	R	B	P	Ü	C	M	C	K	N
V	L	M	M	I	K	R	O	P	L	A	S	T	I	K	L	Ä
E	T	V	E	R	R	O	T	T	E	N	T	Q	K	U	P	H
R	E	B	L	Z	T	F	C	V	B	J	I	S	R	N	E	R
P	R	R	P	E	H	E	A	S	D	F	C	N	O	S	W	S
A	N	P	X	T	B	Y	R	B	D	S	K	P	O	T	L	T
C	A	I	R	S	B	E	F	D	H	N	S	M	R	S	Z	O
K	T	H	V	E	R	Q	N	Ü	Ö	B	T	D	G	T	L	F
U	I	U	M	T	C	P	H	S	V	L	O	T	A	O	I	F
N	V	M	W	Z	E	Y	R	T	M	Z	F	P	N	F	K	E
G	E	U	D	B	C	V	C	B	B	I	F	N	I	F	M	L
U	N	S	G	U	M	W	E	L	T	K	T	Q	S	N	H	Z
N	V	L	K	T	J	D	H	C	I	B	P	T	M	N	W	I
G	M	P	Q	W	Y	C	G	S	B	N	K	L	E	W	T	F
Z	E	R	S	E	T	Z	U	N	G	A	G	Q	N	L	G	D

Mikroplastik
Mikroorganismen
Verpackung
Humus
Alternativen
Verrotten
Kunststoff
Stickstoff
Nährstoffe
Zersetzung
Biologie
Lebensmittel
Erdöl
Recycling
Umwelt

Schreibe auf!

Schreibe die Wörter auf, die du gefunden hast.

Mein Plastik-Memo

(1/2)

1. Schneide die Kärtchen aus.
2. Spielt zu zweit oder zu dritt nach den Regeln des Memory.
   Passende Pärchen bestehen aus einem Gegenstand aus Plastik und aus einem, der dieses Plastik ersetzen kann (zum Beispiel Plastiktüte und Einkaufskorb).
   Ein paar Kärtchen sind für eure eigenen Ideen noch frei.

© orinocoArt – Fotolia.com	© womue – Fotolia.com	© Artur Kiselev – Fotolia.com	© Ammak – Fotolia.com
© gedzun – Fotolia.com	© solidmaks – Fotolia.com	© Lunatictm – Fotolia.com	© Kongphop – Fotolia.com
© by-studio – Fotolia.com	© cloud7days – Fotolia.com	© stock.adobe.com/picsfive	© sabelskaya – Fotolia.com
© As13Sys – Fotolia.com	© wideworld – Fotolia.com	© Winai Tepsuttinun – Fotolia.com	© Atlas – Fotolia.com

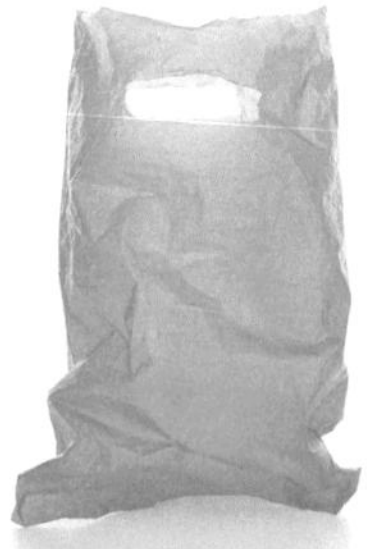

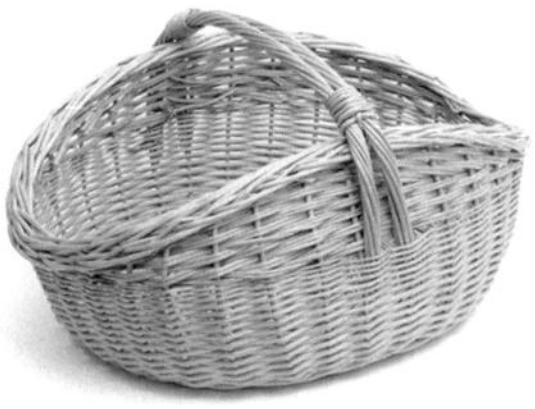

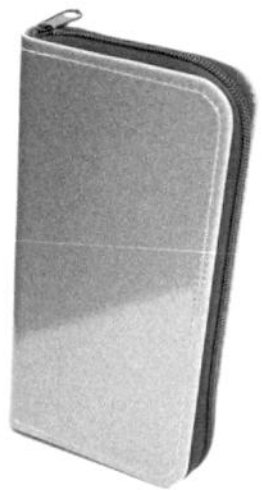

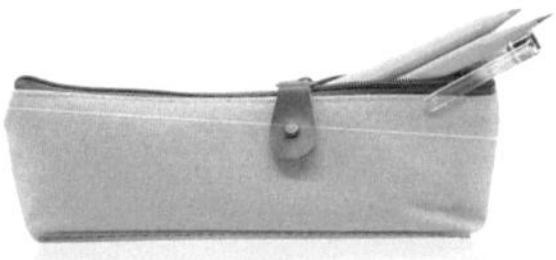

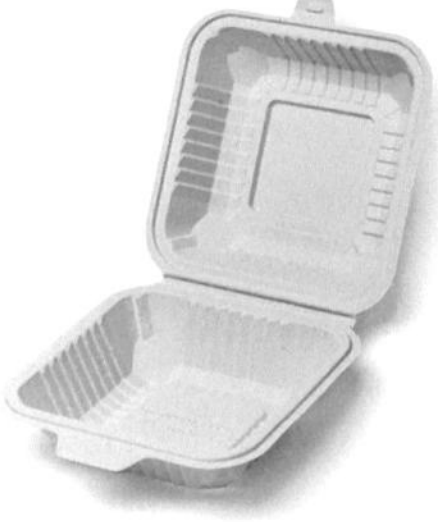

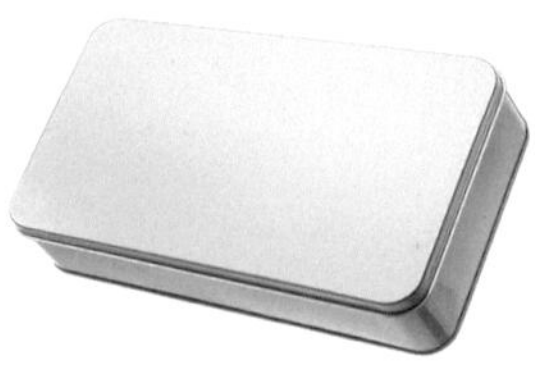

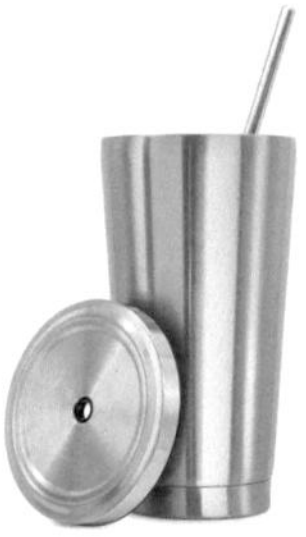

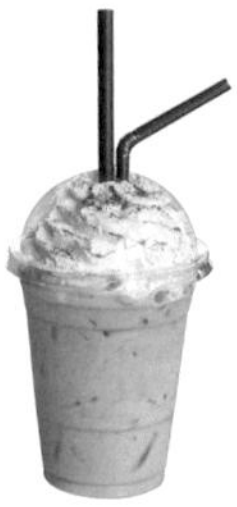

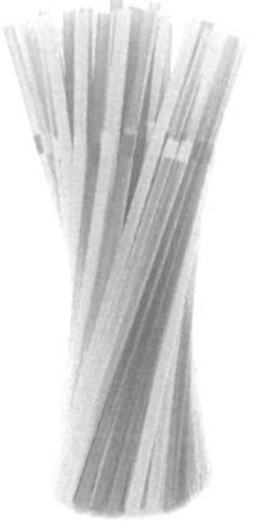

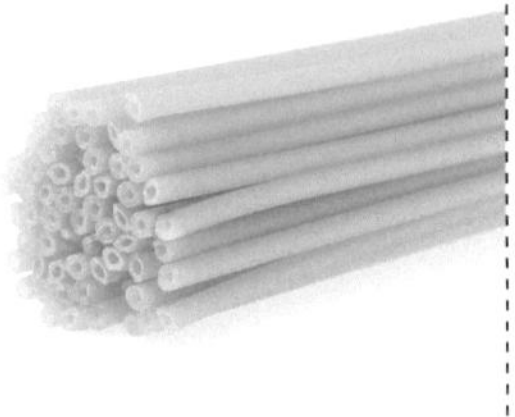

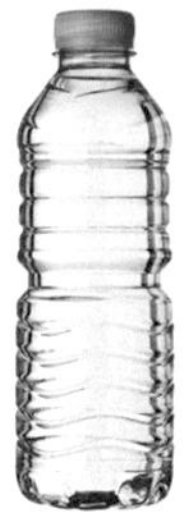

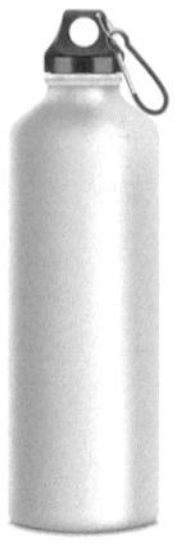

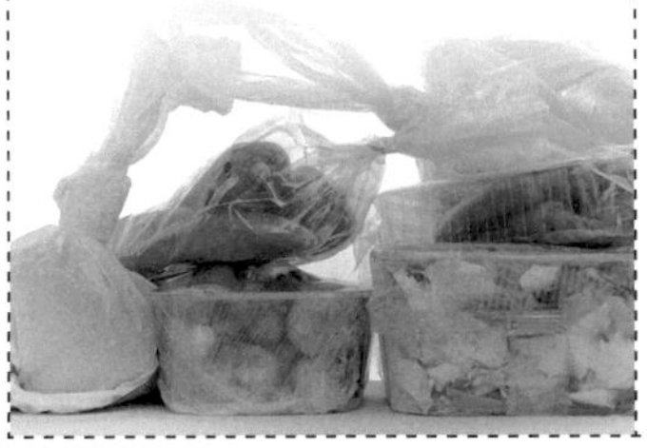

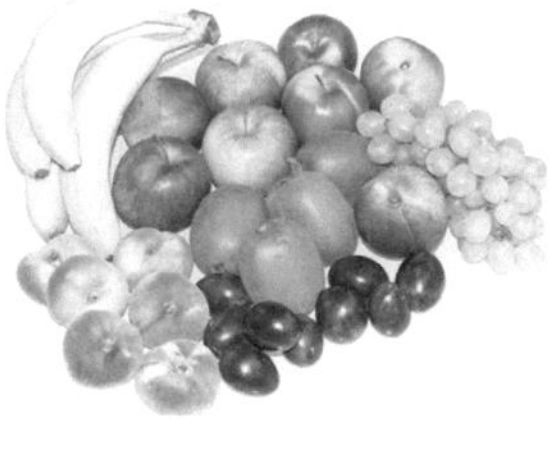

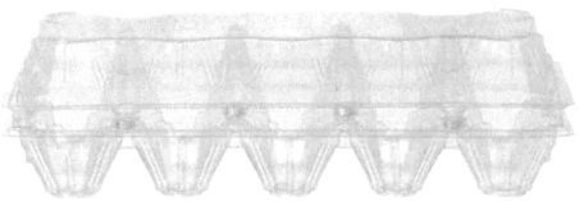

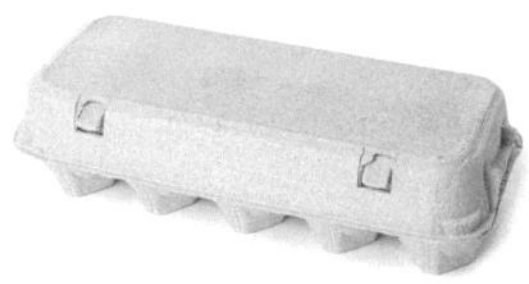

Mein Plastik-Memo

(2/2)

© gradt – Fotolia.com	© stock.adobe.com/rdnzl	© dule964 – Fotolia.com	© Atlas – Fotolia.com
© Poramet – Fotolia.com	© fotonic – Fotolia.com	© bergamont – Fotolia.com	© domnitsky – Fotolia.com
© Poramet – Fotolia.com	© Oleg – Fotolia.com	© pixelrobot – Fotolia.com	© Brent Hofacker/Shutterstock.com
© TrudiDesign – Fotolia.com	© Feng Yu – Fotolia.com	© Dinadesign – Fotolia.com	© Peter Hermes Furian – Fotolia.com

© Verlag an der Ruhr | Autorin: Wiebke Iven | ISBN 978-3-8346-4179-3 | www.verlagruhr.de
Plastikbecher © anoli – Fotolia.com

Müll-Detektive

Wenn ein Detektiv wie Sherlock Holmes einen Fall lösen will, dann sucht er nach Hinweisen. Er besucht den Tatort und manchmal findet er dort Gegenstände, die ihn der Lösung näher bringen. Manchmal handelt es sich dabei um Müll, den der Täter am Tatort verloren oder vergessen hat. Oder er gibt Hinweise darauf, dass das Opfer an diesem Ort war.

Schreibe deine eigene spannende Detektivgeschichte. Suche dir dafür einen Gegenstand aus, der weggeworfen wurde (zum Beispiel ein Schnipsel Papier, eine Getränkedose, ein kaputter Plastikball ...). Dieses Stück Müll soll in deiner Geschichte eine wichtige Rolle spielen. Sieh dich doch mal in eurem Klassenraum oder auf eurem Schulhof um.

Hier kommt ein kleines Beispiel:
... Der Detektiv fand am Tatort einen leeren Plastikbecher, der ins Gebüsch geworfen wurde. Er schlussfolgerte daraus, dass dieser Becher vom Täter sein könnte. Der Täter saß wohl lange im Gebüsch und um sich wach zu halten, trank er einen Kaffee. Eine DNA-Analyse des Bechers wird den Täter entlarven.

Bevor du mit dem Schreiben beginnst, beantworte für dich die unten stehenden Fragen. Sie helfen dir, den Gegenstand in deiner Geschichte unterzubringen:

1. **Welchen Gegenstand hast du ausgewählt?** ....

2. **Beschreibe den Gegenstand (Größe, Farbe, Form ...):**

   ....

3. **Nun überlege dir, wie der Gegenstand in deine Geschichte passt.**

   Wem gehört der Gegenstand? (dem Opfer, dem Täter oder einem Zeugen ...)

   ....

4. **Wo wird er in der Geschichte gefunden?**

   ....

5. **Wie kam er dahin?**

   ....

6. **Wer findet den Gegenstand?**

   ....

7. **Wie kann nun der Fall gelöst werden?**

   ....

Abb.: Bettina Weyland

Wer hat Plastik erfunden?

(1/2)

Lies dir den Text gut durch und markiere dir wichtige Stellen.

Im Jahr 1839 entdeckte der Amerikaner Charles Goodyear, dass Kautschuk formbar ist. Kautschuk wurde bereits 200 Jahre zuvor entdeckt. Wenn es erhitzt und mit Schwefel vermischt wird, dann entsteht daraus Gummi. So entdeckte Goodyear den ersten Kunststoff, das sogenannte Zelluloid, das in jede Form gebracht werden kann.

Der Amerikaner John Wesley Hyatt lebte um 1870 und spielte gern Billard. Doch damals waren die Kugeln noch aus Elfenbein und das war ihm zu teuer. Deshalb suchte er nach einem Material, das er für die Kugeln benutzen konnte. Doch der Kunststoff, den er erfand, war zu leicht brennbar.

37 Jahre später entdeckte der Belgier Leo Hendrik Baekeland den ersten vollsynthetischen Kunststoff. Er benutzte dafür Phenol und Formaldehyd und stellte damit Bakelit her. Bakelit ist elastisch und hält viel Hitze aus. Damals war diese Erfindung eine Sensation und die Industrie stürzte sich auf diesen neuen Kunststoff.

Ein paar Jahre später wurden Experimente mit giftigem Chlorgas gemacht. Der Deutsche Hermann Staudinger erkannte schließlich, dass durch die Verbindung mit Chlorgas Makromolekülketten entstehen. Durch diese Erkenntnis erfand er schließlich PVC (Polyvenylchlorid). Es besteht aus Öl, Salz und Gas. Diesen Kunststoff benutzen wir heute noch.

Durch die Entdeckung dieser besonders langen Molekülketten konnten Kunststoffe immer schneller und leichter produziert werden.

1950 wurden pro Jahr weltweit bereits 1 Million Tonnen Kunststoff verwendet. Im Jahr 2 000 waren es weltweit bereits 200 Millionen Tonnen und bis 2015 hatte sich die Anzahl noch einmal verdoppelt.

Heutzutage gibt es viele verschiedene Kunststoffe. Die meisten davon nennt man auch Plastik. Sie können in alle Formen und Farben gebracht werden. Für uns gehören sie mittlerweile zum Alltag und Plastik begegnet uns überall.

Charles Goodyear

Wer hat Plastik erfunden?

(2/2)

Du hast einen Brief aus der Vergangenheit erhalten.
Er ist von Charles Goodyear:

New York, 1. Juli 1852

Lieber zukünftiger Leser, liebe zukünftige Leserin,

vor ein paar Jahren arbeitete ich mit Kautschuk. Als ich mit ihm experimentierte, kam meine Schwefel-Kautschuk-Mischung aus Versehen auf eine heiße Herdplatte und wurde so zu einer biegsamen Masse, die gar nicht mehr klebte. Alle Probleme mit Kautschuk waren gelöst. Ich habe das Gummi entdeckt und wurde dafür groß gefeiert. Napoleon der Dritte lud mich letztes Jahr persönlich nach London zur Weltausstellung ein. Oder naja, er besuchte mich dort zumindest.

Natürlich habe ich jede Menge Preise und Ehrungen für meine fantastische Entdeckung bekommen. Alle bewundern meine Erfindung und jeder möchte sie haben. Gummi ist nun der neue Trend: Gummi-Möbel, Gummi-Kleidung ... Einfach jeder möchte sie haben.

Leider kann ich nicht ewig auf Erden wandeln, aber mein Gummi wird mich überleben. Ich hätte nur zu gerne gewusst, ob in 100 oder 200 Jahren immer noch jeder meine Gummischuhe trägt. Wie hat sich mein Gummi entwickelt? Und wie sieht es in der Zukunft aus? Ist es immer noch das Beste, das der Menschheit passieren konnte?

Ich wünschte, mir würde jemand aus der Zukunft, vielleicht aus dem 21. Jahrhundert, einen Brief schreiben und mir berichten, ob meine Erfindung die Zeit überdauert hat.

Herzliche Grüße
Charles Nelson Goodyear
(bekannter Erfinder, Chemiker und Forscher)

Schreibe Charles Goodyear einen Brief, in dem du seine Fragen beantwortest und ihm erzählst, wie sich seine Erfindung weiterentwickelt hat.

Fossile Rohstoffe - Was ist denn das?

(1/2)

Fossile Rohstoffe bestehen nicht etwa aus Fossilien. Sie heißen so, weil sie genauso alt sind wie die Fossilien, die wir in der Erde finden. Genauso findet man auch Erdöl, Erdgas und Steinkohle in der Erde. Dort liegen sie schon seit 100 bis 150 Millionen Jahren. Sie bestehen aus abgestorbenen Algen und anderen winzigen Meereslebewesen, die auf den Meeresboden gesunken sind und dort zu Faulschlamm wurden. Nach und nach mischten sich Sand und Kiesel dazu und verfestigten den Schlamm. Je dicker die Schlammschicht wurde, desto mehr drückte das Ganze nach unten. In 1 500 bis 4 000 Metern Tiefe begannen nun chemische Reaktionen. So wurde aus dem Schlamm ganz langsam Erdöl. Erdgas und Steinkohle entstehen auf ähnliche Weise.

Diese Erdschätze gibt es aber nicht in jedem beliebigen Garten, sondern nur an bestimmten Orten auf der Welt, wie Saudi-Arabien, Russland und in den USA. In Saudi-Arabien wird das meiste Erdöl gefördert, also aus der Erde geholt. Leider dauert es viele Jahre, bis die Erde neues Erdöl erschaffen hat, und es gibt immer weniger Erdölvorkommen.

Deshalb haben Energieunternehmen begonnen, auch in der Arktis nach Erdölreserven zu suchen. Doch die Suche und die Förderung von Erdöl schaden der Umwelt sehr.

© acanthurus666 – Fotolia.com

Nimm dir mal einen Filzstift oder ein anderes Plastikteil zur Hand. Kannst du dir vorstellen, dass dieses bunte oder durchsichtige Teil Erdöl enthält? Oder anders gesagt: Ein Teil davon wurde aus abgestorbenen Meerestieren gemacht, die vor mehreren Millionen Jahren gelebt haben. Du hältst also gerade einen kleinen Schatz in deinen Händen.

Zur Plastikproduktion wird nur ein kleiner Teil von dem geförderten Erdöl benötigt. Viel mehr Erdöl verbrauchen wir für Energie und Kraftstoffe, wie Benzin. Dennoch schadet das Plastik der Umwelt durch den Abbau von Erdöl.

Schreibe auf!

Wie kannst du der Umwelt helfen und weniger Erdöl verbrauchen?

....

....

....

....

....

Fossile Rohstoffe - Was ist denn das?

(2/2)

Hast du den Text aufmerksam gelesen?
Teste dein Wissen im Gitterrätsel.

Teste dich!

1. Wonach werden uralte Rohstoffe benannt?
2. Seit wie vielen Millionen Jahren liegen fossile Rohstoffe schon mindestens unter der Erde?
3. Was gehört, außer Erdöl und Erdgas, noch zu den fossilen Rohstoffen?
4. Was entsteht, wenn sich abgestorbene Meereslebewesen, Algen, Kiesel und Sand vermischen?
5. Welche Vorgänge beginnen im Schlamm in 4000 m Tiefe?
6. Wovon gibt es immer weniger Vorkommen auf der Erde?
7. Wo auf der Welt wird am meisten Erdöl gefördert?
8. Wonach suchen Energieunternehmen nun auch in der Arktis?
9. Die Suche in der Arktis ist gefährlich und schadet der Umwelt. Was schadet ihr noch?
10. Wofür verbrauchen wir noch mehr Erdöl als für die Plastikproduktion?

Achtung!

Aus ö wird oe und Zahlen werden ausgeschrieben.

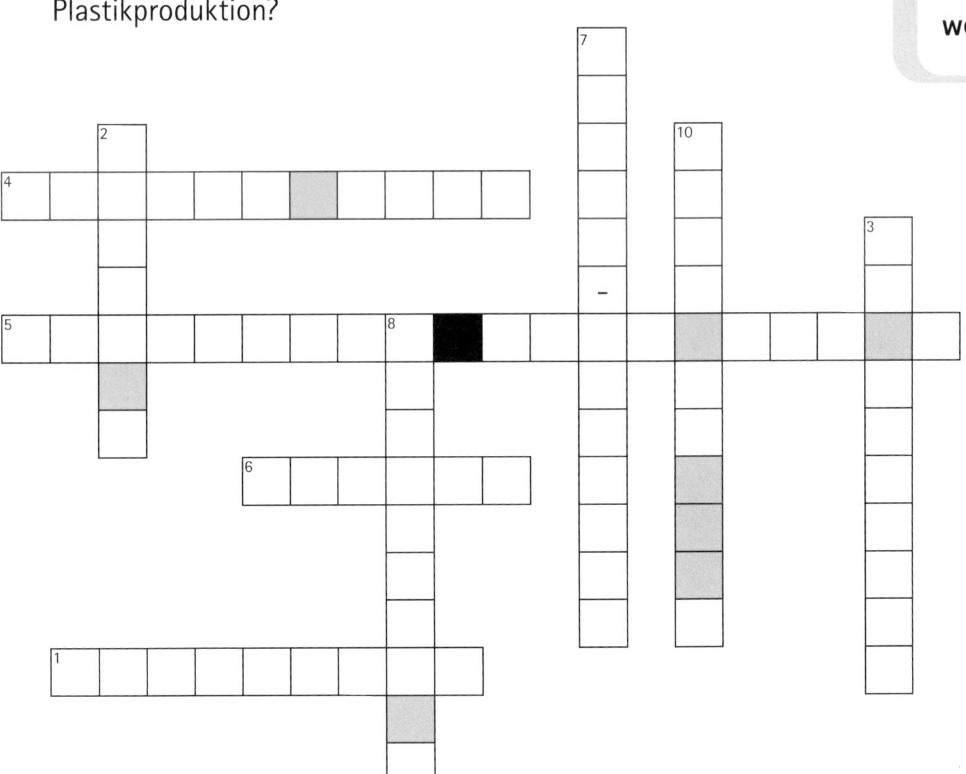

Die grauen Kästchen ergeben – von links nach rechts gelesen – ein Lösungswort:

....

Ich esse doch keinen Müll! - Oder etwa doch?

Lies durch!

(1/2)

**1. Lies dir den folgenden Text gut durch.
Markiere dir die wichtigsten Stellen.**

Viele Jahre lang galt Plastik als Wunder der Industrie. Wusstest du, dass man Plastik sogar braucht, um Herzschrittmacher herzustellen? Plastik kann alles, es hält ewig und ist auch noch günstig. Erst in den letzten Jahren wurden immer mehr Probleme bekannt, die Plastik hervorruft. Eines der größten Probleme: Plastik wird in Sekunden produziert. Im Durchschnitt benutzen wir es 20 Minuten und dann zersetzt es sich erst nach 450 Jahren. Und weil es so lange braucht, landen 13 Millionen Tonnen Plastik pro Jahr in unseren Meeren.

200 bis 250 Millionen Tonnen Plastik werden jedes Jahr hergestellt. Aus ihnen werden ganz viele verschiedene Produkte gefertigt. Aber würde man das ganze Plastik zu einer Folie verarbeiten, dann könnte man damit unsere Erde 6-mal komplett einwickeln.

Bei der Verbrennung von Kunststoffen treten giftige Gase aus, die in unsere Atemluft gelangen können. Deshalb müssen Arbeiter, die Plastik verbrennen, Schutzmasken tragen.

Ein weiteres, sehr großes Problem ist erst vor Kurzem bekannt geworden: Plastik verrottet nicht. Es zersetzt sich erst nach Hunderten von Jahren. Und nicht einmal dann verschwindet es, sondern wird zu Mikroplastik. Das sind Plastikstücke, die bis zu 5 mm groß sind. Sie können aber auch mikroskopisch klein sein, also so klein, dass wir sie mit dem bloßen Auge nicht mehr sehen können. Mikroplastik ist oftmals in unserem Shampoo oder in Cremes zu finden. So werden sie weicher und geschmeidiger. Wenn Plastik in die Natur gelangt und nicht eingesammelt wird, dann schadet es nicht nur den Pflanzen und Tieren, sondern letztendlich auch uns Menschen.

Weil wir Menschen so viel Plastik wegwerfen und es oft auch in die Natur gelangt, landet das Plastik in unseren Meeren und Flüssen. An manchen Stellen im Ozean sammeln sich besonders viele Plastikteile. Sie werden dort zu einer Plastikinsel. Es gibt eine Plastikinsel, die 4-mal so groß ist wie Deutschland. Das umherschwimmende Plastik wird oft von Tieren gefressen. Manchmal verfangen sie sich auch in den Plastikschlingen. Beides kann dazu führen, dass diese Tiere sterben.

Das Mikroplastik wird von Fischen für Nahrung gehalten. Sie fressen es und so landet das Plastik, das wir weggeworfen haben, schließlich in den Fischen. Dort gibt es Giftstoffe ab. Wenn der Fisch gefangen wird, landet er entweder direkt auf unserem Teller oder wird zu Tierfutter verarbeitet. Das Tierfutter wird dann wiederum von den Tieren gefressen, die wir auch gern essen. Und so essen wir irgendwann unser eigenes Plastik.

© Verlag an der Ruhr | Autorin: Wiebke Iven | ISBN 978-3-8346-4179-3 | www.verlagruhr.de
Plastikbecher © anoli – Fotolia.com

Ich esse doch keinen Müll! – Oder etwa doch?

(2/2)

2. Fülle den Plastik-Kreislauf aus und schaue, ob auch du schon mal Plastik gegessen hast.
   Klebe dazu die Texte in der richtigen Reihenfolge zu den Kreisen.
3. Male zu jedem Satz ein passendes Bild in den Kreis.

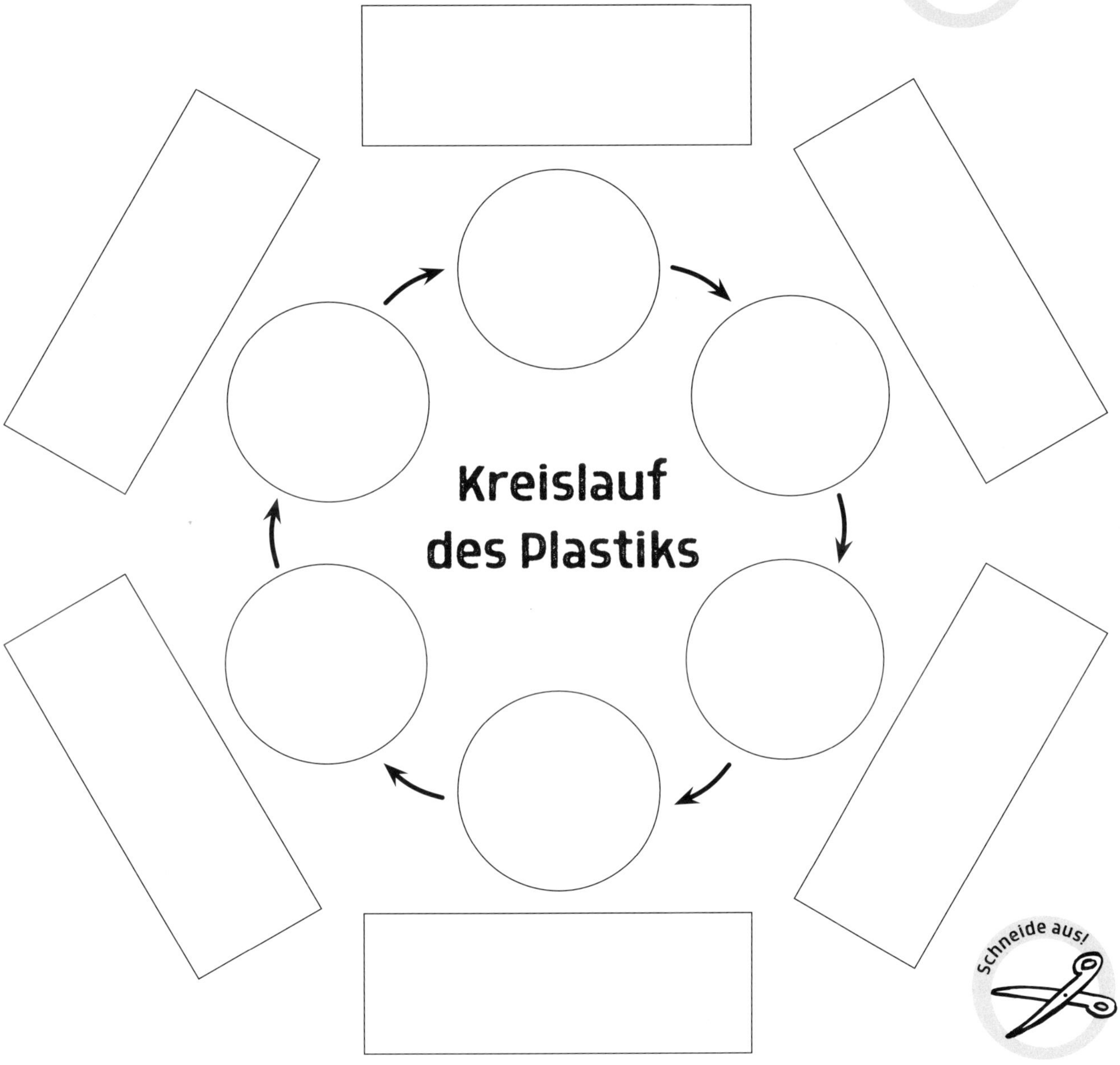

Kreislauf des Plastiks

Schneide aus!

Das Plastik gelangt ins Meer.	Wir werfen die Plastik-verpackung weg.	Wir kaufen den Fisch und essen ihn mit Mikroplastik.
Das Mikroplastik wird von Fischen gefressen.	Es zersetzt sich zu Mikroplastik.	Die Fische werden gefangen und zum Verkauf in Plastik verpackt.

Plastik in der Natur

(1/2)

Es ist ein schöner, sonniger Tag. Lina und Luis wollen ein Picknick auf der Wiese machen. Sie haben sich dafür jeder ein Eis am Stiel gekauft. Doch bevor sie ihr Zitroneneis genießen können, müssen sie es erst einmal aus der Verpackung holen. Das Eis schmeckt ihnen sehr gut, aber wohin sollen sie nur die Verpackung tun? Weit und breit ist kein Mülleimer zu sehen. Was passiert, wenn sie es einfach auf der Wiese liegen lassen?

Wenn wir Müll in die Natur werfen, ist das nicht schön anzusehen. Manchmal riecht es sogar unangenehm. Wird der Müll nicht weggeräumt oder von Tieren aus Versehen gefressen, dann fängt er langsam an, zu verrotten.

Die Natur macht aus dem Müll wieder Erde. Dafür hat sie ganz viele Helfer, wie Regenwürmer, Käfer und Pilze, aber auch mikroskopisch kleine Helfer, die sogenannten Mikroorganismen. Diese kleinen Wunderwesen zersetzen organisches Material, wie zum Beispiel Blätter, abgestorbene Pflanzen und tote Tiere. Sie zersetzen das Material so lange, bis Humus entsteht. Das ist ein sehr nährstoffhaltiger Boden, auf dem wieder Pflanzen wachsen können. So recycelt sich die Natur selbst.

Großartig, wie die Natur mit ihrem eigenen Abfall umgeht. Aber was ist mit unserem Müll? Können Lina und Luis einfach ihre Verpackung auf der Wiese liegen lassen?

Nein, dass sollten sie lieber nicht tun. Jedes Material verrottet unterschiedlich schnell. Bei manchen Materialien brauchen die Mikroorganismen sogar Jahre, bis sie es in die Nährstoffe zersetzt haben. Eine tote Maus verrottet sehr schnell in nur wenigen Wochen. Für ein Baumwoll-T-Shirt braucht die Natur schon 2 bis 5 Monate und eine Zigarettenkippe ist erst nach 1 bis 5 Jahren zersetzt. Aluminium, aus dem viele Getränkedosen gemacht werden, braucht sogar 200 Jahre, aber ein Spitzenreiter ist Glas. Lassen wir mal ein Glas im Wald liegen, dann liegt es da noch in einer Million Jahren. Es gibt aber auch Material, das kann die Natur mit all ihren Helfern nicht vollständig zersetzen. Plastik wird zwar auch zerkleinert, aber es kann nicht in organisches Material zersetzt werden. Wegwerfwindeln oder Plastikflaschen sind beispielsweise erst nach 450 Jahren zersetzt. Zurück bleibt Mikroplastik, das in unsere Nahrung gelangt. Das schadet uns und allen Lebewesen.

Schreibe auf!

1. Was passiert, wenn man Müll in die Natur wirft?

....

....

....

....

Plastik in der Natur

(2/2)

2. Warum können Lina und Luis ihre Verpackung nicht einfach auf der Wiese liegen lassen?

....

....

....

Teste dich!

3. Kannst du nun sagen, wie lange die Materialien zum Verrotten brauchen?
   Ordne den Materialien die richtigen Zeiträume zu und verbinde sie.

Aluminium	6 Wochen
Glas	450 Jahre
T-Shirt	200 Jahre
Zeitung	450 Jahre
Wegwerfwindel	bis 1 Million Jahre
Plastikflasche	2–5 Monate

Schreibe auf!

4. Lina und Luis wissen jetzt, dass sie ihre Eisverpackung nicht auf der Wiese liegen lassen dürfen, aber wie werden sie denn jetzt ihren Müll los?
   Gib ihnen einen guten Tipp:

....

....

....

....

....

Kunst aus Müll

Warst du schon einmal an einem Strand und hast dort Figuren gesehen, die aus Müll gemacht wurden? Dann gab es an diesem Strand wahrscheinlich eine Müllsammel-Aktion. Bei so einer Aktion sammeln freiwillige Helfer alles auf, was nicht an den Strand gehört. Als Zeichen gegen Umweltverschmutzung werden dann manchmal Müllfiguren aufgestellt. Sie sollen Strandbesucher daran erinnern, ihren Müll wieder mit nach Hause zu nehmen.
Hast du Lust bekommen, selbst eine Müllaktion zu starten? Dafür musst du nicht an einen Strand fahren. Fang mit eurem Schulhof an. Ihr könnt die Aktion mit eurer Klasse machen, mit anderen Klassen zusammen oder an einem Nachmittag eure Eltern dazu einladen.

Macht was! AKTION!

Material:

- gesammelter Müll
- Kordel
- Scheren
- Taschenmesser
- Sägen
- Bastelkleber (oder Heißkleber)
- evtl. Hammer und Nägel

1. **Entscheidet, wann und wie lange ihr sammeln wollt.**
2. **Sammelt auf dem Schulhof, im Gebäude und in der Umgebung den Müll und tragt ihn zusammen.**
3. **Macht ein Foto von dem Müllhaufen.**
4. **Bildet Kleingruppen und sucht euch das Material aus, das ihr für eure Skulptur benutzen wollt.**
5. **Jetzt kann es losgehen: Baut, klebt, hämmert drauflos!**
6. **Schreibt am Schluss ein Schild mit dem Namen eurer Skulptur, euren eigenen Namen und einer Nachricht (z. B. Kein Müll auf unserem Schulhof!, Müll gehört in den Mülleimer!, Haltet unsere Schule sauber! ...)**
7. **Mit den fertigen Skulpturen könnt ihr eine Ausstellung für eure Mitschüler, Lehrer und Eltern machen. Schreibt Plakate und ladet zu eurer Kunstausstellung ein. Das Foto vom Müllhaufen könnt ihr auch mit draufkleben. So sieht man, woraus die Skulpturen gemacht sind.**
8. **Ihr wollt mehr Aufmerksamkeit für das Thema? Weitet die Aktion auf eure Stadt aus und ladet die Presse zur Ausstellung mit ein. Fragt im Rathaus nach, worauf ihr bei so einer Aktion achten müsst.**

Eine traurige Welt

© Piman Khrutmuang – Fotolia.com

© klaus – Fotolia.com

1. Suche dir eines der Bilder aus, über das du gern sprechen möchtest.
2. Beschreibe das Bild.

© ndk100 – Fotolia.com

3. Was fühlst du, wenn du dieses Bild betrachtest?

4. Stelle dir vor, du könntest mit dem Tier auf dem Bild sprechen. Schreibe das Gespräch auf:

Doppelt verpackt

(1/2)

Jonas war einkaufen. Er brauchte Äpfel, Aufschnitt, Brot und noch viele andere leckere Sachen. Als er zu Hause alle Produkte, die er eingekauft hat, auf seinen Küchentisch legt, sieht er einen riesigen Haufen Plastik vor sich. Die Äpfel sind in einer Folie eingeschweißt, die Wurst ist in einer Plastikverpackung und sogar das Brot wurde in eine Plastiktüte gesteckt. Jonas will es genau wissen und er schaut sich alle Verpackungen an.
Da sind leckere Erdbeer-Joghurts: 6 kleine Becher und jeder ist aus Plastik. Doch damit die kleinen Joghurts nicht so klein aussehen, hat der Hersteller sie miteinander verbunden. Natürlich mit Plastik. Das ist gehörig viel Plastik, denkt sich Jonas, aber da sieht er die Gummibärchenpackung. In der großen Tüte sind viele kleine Tüten und darin sind die Gummibärchen. Das sind also verpackte Verpackungen. Er überlegt, warum der Hersteller so etwas macht. Er schüttet alle Gummibärchentüten auf einen Haufen und schaut sich den Haufen an. Dann packt er die kleinen Tüten aus und legt alle Gummibärchen auf einen Haufen. Jetzt weiß er, warum der Hersteller die doppelte Verpackung nutzt.

Schreibe auf!

Was hat Jonas herausgefunden?

....

Probiert es selbst einmal in der Klasse aus und vergleicht die Portionen. Was fällt euch auf?

....

....

Warum sind so viele Lebensmittel in Plastik eingepackt?

....

....

Manche Nahrungsmittel müssen in Plastik oder etwas Ähnlichem verpackt werden. Das sagt das Reinheitsgebot. Kannst du dir vorstellen, warum?

....

....

....

Doppelt verpackt

(2/2)

Jonas ist ziemlich sauer, weil seine Lebensmittel in viel zu viel Plastik verpackt sind. Er schreibt einen Brief an die Firmen. In diesem Brief bittet er die Hersteller, weniger Plastikverpackungen zu benutzen und die Umwelt zu schützen. Insbesondere die Doppelverpackungen schaden der Umwelt sehr und sind meistens nicht nötig.

1. **Macht dich das nicht auch wütend?**
   Sucht gemeinsam in der Klasse Produkte aus, die unnötig viel Plastikverpackungen haben.
2. **Schreibt allein oder in kleinen Gruppen eine E-Mail oder einen Brief an die Hersteller. Die Adresse findet ihr auf der Verpackung.**
   Je mehr Leute sich über die Verpackungen beschweren, desto eher werden die Hersteller etwas daran ändern.

Hier kannst du deinen Text vorschreiben.

Schreibe auf!

Sehr geehrte Hersteller von

.... ,

wir sind .... aus der Klasse ....

und wir wollen eine plastikfreie Klasse werden. Doch das ist gar nicht so einfach.

....

....

....

....

....

Bitte helfen Sie uns und der Natur!

Mit freundlichen Grüßen

Unser Plastikhaus

**Wie sieht es bei dir zu Hause aus? Schaue dich mal gut um.
Welche Dinge aus Plastik benutzt du zu Hause?
Schreibe jeweils 3 Dinge aus Plastik auf die Linien,
die in den Räumen bei dir zu Hause zu finden sind.**

Wohnzimmer:

....

....

....

Kinderzimmer:

....

....

....

Abb.: Bettina Weyland

Küche:

....

....

....

Badezimmer:

....

....

....

Unsere Ziele

Tragt in die Tabelle gemeinsam eure Ziele ein und ernennt für jedes Ziel einen oder mehrere Inspektoren.
Die Inspektoren kontrollieren, ob die Ziele erreicht wurden.
Nehmt euch erst einmal kleinere Ziele vor. Wenn ihr sie erreicht habt, schafft ihr auch die ganz großen Ziele!

Diese Ziele erreichen wir bis zum: ....

Unser Ziel:	Inspektoren:	Ziel erreicht?

Meine Erfindung

Seit Jahrhunderten machen sich die Menschen Gedanken über Plastik. Bisher ging es hauptsächlich darum, wie man Kunststoffe möglichst leicht und günstig herstellen kann.
Doch in den letzten Jahren wurden immer mehr Probleme deutlich, die Plastik verursacht. Ein paar dieser Probleme hast du schon kennengelernt.

Schreibe auf!

1. Beende die Sätze.

Plastik ist schädlich ...

↳ für die Natur, weil ....

↳ für die Tiere, weil ....

↳ für die Pflanzen, weil ....

↳ für die Menschen, weil ....

↳ wenn es verbrannt wird, weil ....

Das sind ziemlich große Probleme, die Plastik verursacht.
Wäre es nicht schön, wenn es eine Maschine geben würde,
die all diese Probleme lösen könnte?

2. Denke dir eine Maschine aus, mit der die Plastikentsorgung kein Problem mehr ist. Male sie in den Kasten.

Male etwas!

3. Beschreibe deine Maschine. Was kann sie und wie funktioniert sie?

....

....

....

Neue Erfindungen

Lies durch!

Plastikmüll schadet der Erde. Deshalb machen sich viele Menschen darüber Gedanken, wie Plastikmüll vermieden oder entsorgt werden kann.

Bioplastik

Dieser Biokunststoff besteht aus Pflanzen, wie Mais und Kartoffeln, und kann verrotten. Ein Nachteil ist jedoch, dass wir das Material auch ganz gern essen. Damit es als Plastikersatz und für unsere Nahrung ausreicht, bräuchten wir größere Flächen, um Mais und Kartoffeln anzupflanzen. Deshalb sucht die Forschung nun nach Lösungen, um einen Kunststoff aus Nahrungsresten zu machen.

Kompostierbare Kunststoffe

Diese Kunststoffe kann man einfach verbrennen, ohne dass Giftstoffe freigesetzt werden. Oder man wirft sie nach der Benutzung auf den Kompost, wo sie dann verrotten. Doch dieser Vorgang dauert noch zu lange.

Müllsammler-Schiffe

Das sind Schiffe, die, ähnlich wie Anglerboote, im Meer den Müll einsammeln und ihn auf schwimmenden Fabriken abladen. Dort wird der Plastikmüll wieder zu Erdöl verarbeitet. Die Technik dazu gibt es schon, aber sie wird noch nicht angewendet.

PGS

Die deutsche Architektin Marcella Hansch hat eine Plattform entwickelt, die auf dem Wasser schwimmt. Sie nennt sich Pacific-Garbage-Screening (deutsch: Pazifik-Müll-Durchsiebung) oder abgekürzt PGS. Diese Plattform wird direkt beim Müllstrudel eingesetzt. Dort filtert sie das Mikroplastik aus dem Wasser. Die Plattform sieht aus wie eine Qualle mit vielen Fangarmen. Diese Arme befördern das Mikroplastik an die Oberfläche. Dort wird es dann aus dem Wasser gefiltert. Doch die Plattform ist niemals voll, denn aus dem ganzen Müll wird letztendlich Energie gewonnen, die dazu benutzt wird, die Plattform mit Strom zu versorgen, sodass dort sogar Forscher leben können. Meeresbewohner kommen dadurch nicht zu Schaden, da sie ungehindert hindurchschwimmen können.

© Oleksandr – Fotolia.com

Wie du siehst, gibt es schon großartige Erfindungen. Manche sind noch nicht ausgereift, andere müssen noch gebaut werden und einige warten auf ihren Einsatz.

Diskutiert in Gruppen die folgenden Fragen.
Haltet eure Ergebnisse fest und tragt sie eurer Klasse vor.

1. Welche Erfindung findet ihr am besten? Begründet.
2. Bei welcher Forschung wärt ihr gern dabei und warum?
3. Welche Vor- und Nachteile haben die Erfindungen?
4. Es gibt schon viele Erfindungen, die meisten werden aber noch nicht eingesetzt. Sammelt Gründe, was die Erfinder daran hindert, mit ihrer Erfindung die Welt zu retten.

Mein Plastik-Tagebuch

Deckblatt

Mein Plastik-Tagebuch

Fotolia.com: Weltkugel © SweetRenie; Becher © anoli; Tüte © orinocoArt; photocase.de: Flasche © suze

Inhaltsverzeichnis

Vorwort

Liebes Tagebuch,

wir haben gehört, dass es viel zu viel Plastik auf der Erde gibt. Wir wollen zu Umwelt-Heldinnen und -Helden werden. Unser neues Thema heißt:

Wir werden eine plastikfreie Klasse!

Das ist ein sehr großes Ziel, aber zusammen werden wir es schaffen!
Damit wir sehen können, wie viel Plastik wir in unserer Klasse brauchen, führt jeder ein Tagebuch.

Ich schreibe jeden Tag auf, welche Plastikteile ich benutzt habe.

Ich trage in die Tabelle ein,
- **was** ich benutzt habe,
- **wo** ich es gebraucht habe und
- **wie** oft ich es verwendet habe.

Zum Schluss trage ich mein **Tagesergebnis** in ein Diagramm ein. So kann ich später sehen, welche Plastikteile ich in der Schule, zu Hause oder beim Sport und Spielen brauche. Am Ende vergleichen wir in der Klasse unsere Ergebnisse.

Tagebucheintrag (1/2)

Tag ....

Heute ist ....

der ....

Plastikteil	**Wo** habe ich es benutzt?	**Wie oft** habe ich es benutzt?

Tagebucheintrag (2/2)

Plastikteil	**Wo** habe ich es benutzt?	**Wie oft** habe ich es benutzt?

Dieses Plastikteil habe ich heute am häufigsten benutzt: ....

Auf dieses Plastikteil möchte ich nicht verzichten:

....

Mein Plastik-Diagramm

Mit meinem Balkendiagramm kann ich vergleichen, wie viel Plastik ich an 7 Tagen benutze. Hier kann ich auch erkennen, ob es in der Zeit schon weniger wird. Dafür muss ich einfach nur jeden Tag einen Balken zeichnen. Für jedes Plastikteil, das ich heute benutzt habe, bekommt mein Balken ein Kästchen angemalt. Hinter den Balken schreibe ich die Anzahl der Plastikteile.

Tag	Plastikteile
1	
2	
3	
4	
5	
6	
7	

Meine Motivation

Manchmal kann es ganz schön anstrengend sein, auf Plastik verzichten zu wollen. Da kann es schon mal passieren, dass meine Motivation verloren geht. Damit ich nicht vergesse, wofür ich mir die ganze Arbeit mache, schreibe ich mir einen kleinen Motivationsbrief:

Liebe(r) .... ,

Vergiss niemals, wie wichtig es ist, unseren Planeten zu retten. Wenn du nicht mithilfst, wird es nicht gelingen und dann stirbt unsere Erde. Hier kommen ein paar sehr gute Gründe, warum du auf Plastik verzichten solltest:

....

....

....

....

....

Wie du siehst, lohnt es sich, weiter zu kämpfen.
Halte durch!

Dein(e) ....

 ISBN 978-3-8346-4179-3 | www.verlagruhr.de

Ergebnisse der ersten Tage (1/2)

Ich habe eine Zeitlang beobachtet, wo und wie oft ich etwas aus Plastik benutzt habe. Nun trage ich meine Ergebnisse zusammen, damit ich sie der Klasse vorstellen kann.

Meine Bestenliste

Diese 3 Plastikteile habe ich am häufigsten gebraucht:

1. ……………………………………
2. ……………………………………
3. ……………………………………

Meine Topteile

Auf diese 3 Plastikteile möchte ich nicht verzichten:

1. ……………………………………
2. ……………………………………
3. ……………………………………

Ergebnisse der ersten Tage (2/2)

Wir haben unsere Ergebnisse in der Klasse zusammengetragen.

Klassen-Bestenliste

Diese 3 Plastikteile wurden von uns am häufigsten gebraucht:

1. ……………………………………
2. ……………………………………
3. ……………………………………

Klassen-Topteile

Auf diese 3 Plastikteile möchte die Mehrheit nicht verzichten:

1. ……………………………………
2. ……………………………………
3. ……………………………………

Wir tauschen aus! (1/2)

Wir überlegen gemeinsam oder in Kleingruppen, auf welche Plastikteile jeder verzichten kann. Dabei gibt es 3 Stufen:

- Anfänger/Anfängerin
- Fortgeschrittene/Fortgeschrittener
- Umwelt-Held/Umwelt-Heldin

Anfänger/Anfängerin:
Ich fange mit einem Plastikteil an, das ich leicht durch etwas anderes ersetzen kann oder nicht so oft brauche, und tausche es durch etwas aus, das nicht aus Plastik ist.

Dieses Plastikteil habe ich ausgetauscht:

....

Stattdessen verwende ich nun:

....

Wichtiger Hinweis:

Manche Plastikteile kann ich mehrfach benutzen. Ich tausche diese Sachen erst durch plastikfreie Teile aus, wenn sie kaputt oder leer sind. In die Zeile „Stattdessen verwende ich nun" kann ich dann schreiben: „Stattdessen werde ich ... verwenden".

Wir tauschen aus! (2/2)

Fortgeschrittene/Fortgeschrittener:
Weiter geht's: Ich tausche ein Plastikteil aus, das in meiner Bestenliste steht.

Dieses Plastikteil habe ich ausgetauscht:

....

Stattdessen verwende ich nun:

....

Umwelt-Held/Umwelt-Heldin:
Nun die schwierigste Stufe: Ich tausche ein Plastikteil aus meiner Topteil-Liste aus. (Es kann sein, dass ich erst ein bisschen suchen und mich mit einem Erwachsenen informieren muss, bevor ich diese Stufe erreichen kann. Vielleicht muss ich auch bis zum nächsten Geburtstag warten.)

Dieses Plastikteil habe ich ausgetauscht:

....

Stattdessen verwende ich nun:

....

Wie schwer ist unser Plastikmüll? (1/2)

In Deutschland werden jährlich rund 18 Millionen Tonnen Verpackungsmüll aus Plastik verbraucht.

Wir wollen herausfinden, wie viel unser Plastikmüll wiegt und wie sich das Gewicht verändert. Dafür wiegen wir unseren Plastikmüll an verschiedenen Tagen, tragen die Ergebnisse in die Tabelle ein und errechnen den Unterschied.

Abb.: Bettina Weyland

Hinweis:

Wir müssen zu Beginn den Mülleimer einmal leer wiegen und das Gewicht von den Tageswerten abziehen.

Wie schwer ist unser Plastikmüll? (2/2)

Datum	Gewicht	Veränderung

Wie schwer war der Plastikmüll beim ersten Wiegen? ....

Wie schwer war der Plastikmüll beim letzten Wiegen? ....

Haben wir uns verbessert oder verschlechtert? verbessert: ○ verschlechtert: ○

Wie viel Gramm Plastikmüll haben wir insgesamt weggeworfen? ....

Einkauf auf dem Markt (1/2)

(z. B. für ein Klassenfrühstück oder eine Fete)

Unsere Einkaufsliste:

Was brauchen wir?	Wo bekommen wir es?	✔

Einkauf auf dem Markt (2/2)

Daran müssen wir noch denken:

Beutel, ...

....

....

....

....

....

Welche Erfahrungen habe ich auf dem Markt gemacht?

....

....

....

....

....

....

Plastikfrei einkaufen (1/2)

Wir wollen etwas erreichen, wozu die Erwachsenen noch nicht bereit sind. Plastikfreie Verpackungen gibt es bisher nur wenige. Damit ich nicht vergesse, wo ich plastikfrei einkaufen kann, schreibe ich mir hier die wichtigsten Orte auf:

Der nächste Markt befindet sich in:

....

....

Der nächste Bauernladen ist in:

....

....

Einen Unverpackt-Laden gibt es in:

....

....

Dieser Laden bietet Alternativen zur Plastiktüte an:

....

....

Plastikfrei einkaufen (2/2)

In diesem Supermarkt darf ich selbst verpacken (zum Beispiel an der Frischetheke):

....

....

Diese Tipps und Tricks will ich mir merken:

....

....

....

....

....

....

Abb.: Norbert Höveler

Meine Projektplanung (1/2)

Ich habe eine tolle Idee für ein Projekt.
Mit meiner Projektplanung kann ich das Projekt planen und der Klasse vorstellen.

Name des Projekts:

....

Teilnehmer:

....

Wann soll das Projekt stattfinden?

....

Wo soll das Projekt stattfinden?

....

Beschreibung des Projekts:

....

....

....

....

....

Meine Projektplanung (2/2)

Skizze:

Was brauche ich für das Projekt?

....

....

....

....

Woran muss ich sonst noch denken?

....

....

....

....

Meine Fragen und Ideen (1/2)

Was möchte ich noch über das Thema Plastik lernen? Habe ich noch irgendwelche Fragen?

Hier habe ich auch Platz, um Ideen für neue Projekte aufzuschreiben. Wir könnten ein plastikfreies Frühstück planen, ein plastikfreies Fest …

Meine Fragen und Ideen (2/2)

Mein Fazit (1/2)

Unsere Unterrichtsreihe zum Thema „Wir werden eine plastikfreie Klasse" ist vorbei. Wir haben viel über Plastik erfahren und welche Auswirkungen es hat.

Diese Themen haben wir durchgenommen:

....

....

....

....

Das hat mir besonders gut gefallen:

....

....

....

Das hat mir gar nicht gefallen:

....

....

....

....

Mein Fazit (2/2)

Besonders erstaunt oder erschrocken hat mich:

....

....

Mit der Unterrichtsreihe endet noch nicht unser Vorhaben: „Wir wollen eine plastikfreie Klasse werden". Noch liegt ein ganzes Stück Arbeit vor uns, aber es lohnt sich, denn wir retten damit die Erde.

Und deshalb nehme ich mir für die Zukunft vor:

....

....

....

....

....

....

....

....

....

Abb.: Bettina Weyland

Mein Plastikfrei-Ratgeber

(1/4)

Schneide die Seiten aus.
Klebe oder klammere sie zu einem Buch zusammen.
Auf die Rückseite kannst du ein Bild zu dem Tipp malen.

Mein Plastikfrei-Ratgeber

Name: ....

Klasse: ....

Allgemeine Tipps

- Ersetze Plastikteile erst, wenn sie kaputt oder leer sind.
- Nimm dir erst kleine Ziele vor.
- Erzähle deinen Freunden und deiner Familie von deinen Erfolgen. Das motiviert dich.
- Behandle die Sachen sorgsam.
- Mache Schritt für Schritt.
- Habe Spaß dabei!

Tipp für das Frühstück: Brotdosen

Brottüten aus Plastik oder Papier verursachen viel Müll. Verwende doch lieber eine Brotdose. Sie kann gespült und immer wieder benutzt werden. Es gibt sie in vielen verschiedenen Formen und Farben. Besonders umweltschonend und lange haltbar sind Dosen aus Edelstahl oder Holz.

Tipp für das Frühstück: Edelstahl-Flaschen

Jeder kann billige Plastikflaschen mit zur Schule nehmen, aber Edelstahl-Flaschen sind besser für die Umwelt und perfekt für dein Lieblingsgetränk – egal ob warm oder kalt. Es gibt sie in vielen Versionen, vielleicht auch mit dem Logo deines Lieblingsvereins oder Lieblingsfilms.

Tipp für die Schultasche: Papphefter

Die bunten Plastikhefter mit den durchsichtigen Klappen sind schön anzusehen, aber leider auch sehr empfindlich, sodass sie schnell kaputtgehen. In den gleichen Farben gibt es stabile Papphefter, die man zudem noch toll anmalen und bekleben kann.

Tipp für die Schultasche: Hefte aus recyceltem Papier

Das hat zwar nicht direkt etwas mit Plastik zu tun, ist aber ein super Tipp für jeden Umwelt-Helden. Wenn man genau hinschaut, dann ist recyceltes Papier nicht ganz so weiß wie gebleichtes, aber wen stört das schon, wenn man dadurch Papier ohne Giftstoffe bekommt, das die Natur viel weniger belastet?

Mein Plastikfrei-Ratgeber

(2/4)

Tipp für die Schultasche:
Papierumschlag

Oft müssen Schulbücher und Hefte durch Umschläge geschützt werden. Die gibt es auch aus Papier oder Pappe. Du kannst sie bunt anmalen oder fertig bedrucktes Papier verwenden. Besonders toll sehen deine Bücher aber in einem Umschlag aus einer besonderen Zeitung oder Zeitschrift aus.

Tipp für die Schultasche:
Klarsichthüllen

Auch hier gibt es mittlerweile schon Hüllen aus dünnem Papier, durch die man durchsehen kann. Viel einfacher ist jedoch eine selbst gebastelte Hülle aus alter Zeitung oder sogar aus Stoff. Schreibe einfach drauf, was drin ist.

Tipp für die Federmappe:
Holzlineal

Bei Geodreiecken wird es schwieriger, aber unsere Plastiklineale kannst du ganz leicht gegen eines aus Holz eintauschen. Wenn deines das nächste Mal wieder kaputtgeht, schaue dich mal nach der Holzvariante um. Sie sind stabiler und können schön angemalt werden.

Tipp für die Federmappe:
Buntstifte

Der neongrüne Marker sieht toll aus, aber er ist auch schnell leer und zurück bleiben Plastikmüll und giftige Farbe. Genauso ist es bei Filzstiften. Nimm doch mal wieder Buntstifte mit Holzmantel. Es gibt sie in allen Farben, auch Neonfarben, und man kann sie mischen, wegradieren und immer wieder anspitzen.

Tipp für den Einkauf:
Stoffbeutel

Gewöhne dir an, einen Stoffbeutel in deine Tasche oder deinen Rucksack zu stecken. So kannst du auch spontan shoppen gehen. Stoffbeutel können ganz klein gemacht werden und stören so gar nicht. Es gibt sie mit tollen Motiven, du kannst dir aber auch eine ganz individuelle Tasche gestalten.

Tipp für den Einkauf:
Obstnetze

Immer mehr Supermärkte verkaufen Netze, mit denen Obst und Gemüse verpackt werden können. Sie können mehrfach benutzt werden und sind stabiler als die Tüten. So wird verhindert, dass noch mehr Einwegplastik-Tüten in die Meere gelangen.

Mein Plastikfrei-Ratgeber

(3/4)

Tipp für das Bad: Holz(zahn)bürste

Bitte deine Eltern darum, dir beim nächsten Zahnbürstenwechsel eine Holzzahnbürste mit Naturborsten zu kaufen. Die gibt es mittlerweile in vielen Drogerien. Das Gleiche gilt für alle anderen Bürsten, wie Haarbürsten. Sie sind besser für die Umwelt und die Naturborsten sind schonender zu Haaren und Zähnen.

Tipp für das Bad: Haarseife

In unserem Shampoo befindet sich oft Mikroplastik. Es soll die Wirkung des Shampoos verbessern. Doch so gelangt das Mikroplastik in unsere Gewässer, ins Meer und schließlich über die Fische in unseren Körper. Eine Haarseife oder ein festes Shampoo wird ohne Mikroplastik hergestellt.

Tipp für das Bad: Haarspülung mit saurer Rinse

Eine saure Rinse besteht aus Apfelessig (2 EL) und Wasser (1 EL). Sie wirkt wie eine Haarspülung, ist aber ohne Mikroplastik. Verteile sie nach dem Waschen im Haar. Du brauchst sie dann nicht mehr auszuspülen. Keine Sorge, der Essiggeruch ist weg, sobald deine Haare trocken sind.

Allgemeiner Tipp: Recyceln und Upcyceln

Dieser Tipp ist uralt, aber wieder richtig modern. Versuche Sachen, die kaputtgegangen sind, erst einmal zu reparieren. Wenn das nicht mehr geht oder es dir nicht mehr gefällt, kannst du vielleicht Teile davon für etwas anderes wiederverwenden. Im Internet findest du dafür jede Menge Anregungen.

Tipp für die Pause: Unverpackt

Isst du gern Würstchen, Käsestangen oder Fruchtmus? Oft sind sie in Plastik verpackt. All das kann man auch auf dem Markt, in Metzgereien oder Bäckereien unverpackt kaufen. Es gibt sogar Unverpackt-Läden, wo du alles unverpackt bekommst. Packe die Dinge einfach in deine Brotdose.

Allgemeiner Tipp: DIY – Do it yourself

Noch ein ganz großer Trend. Brauchst du etwas? Dann mache es einfach selbst. Baue, nähe, bastle und koche dir die Sachen, die du gern hättest. Im Internet findest du jede Menge Tipps und Tricks. Das macht Spaß, sieht gut aus und hält auch viel länger.

Mein Plastikfrei-Ratgeber

(4/4)

Tipp für die Schultasche: Schultasche und Federmappe

Viele Schultaschen, Turnbeutel und Federmappen sind aus Plastik. Wenn du eine neue Tasche brauchst, suche nach Alternativen aus Stoff oder Leder. Eine Federmappe oder einen neuen Turnbeutel kannst du dir auch ganz leicht selbst nähen (sogar ohne Nähmaschine).

Tipp für die Schultasche: Taschentücher

10 Taschentücher sind in eine kleine Plastikhülle verpackt. Zu Hause kannst du Stofftaschentücher benutzen, die waschbar sind, und für die Schule gibt es recycelte Papiertücher in Pappboxen, die sich alle in der Klasse teilen.

Tipp für den Kleiderschrank: Kleidung

In unserer Kleidung ist tatsächlich auch Plastik enthalten. Polyester, Nylon oder Polyacryl sind Kunststoffe, die wir nicht sehen. Beim Waschen löst sich Mikroplastik, das so in unseren Meeren landet. Achte beim Einkauf auf möglichst wenig Mikroplastik in deiner Kleidung.

Tipp für den Klassenraum: Sammelboxen

Für die Organisation deiner Sachen in der Schule kannst du anstelle von Plastikboxen einfach Sammelboxen aus Karton oder sogar Holz nehmen. Ein großer Vorteil ist auch wieder, dass du diese Boxen ganz individuell gestalten kannst.

Tipp für den Einkauf: Spielzeug

Wenn du ein Spielzeug kaufst, stelle dir diese Fragen:

1. Wie lange spiele ich damit?
2. Wie schnell geht es kaputt?
3. Brauche ich es wirklich?

Es gibt tolle Spielsachen aus Holz oder Ähnlichem, die zudem viel länger halten.

Tipp für ....

....

....

....

....

....

....

Quellen

Literatur

Schüler, Charlotte:
Einfach plastikfrei leben.
Südwest Verlag, 2019.
ISBN 978-3517098012

Internet

www.duh.de/plastik-im-meer

www.kindersache.de/bereiche/nachrichten/so-viel-muell-produzieren-die-deutschen

www.oekoleo.de/artikel/plastik-zu-wertvoll-zum-verschwenden

https://everwave.de/

www.planet-wissen.de/technik/werkstoffe/gummi/pwiediegeschichtedesgummis100.html

www.spiegel.de/wissenschaft/natur/deutsche-verbrauchen-im-jahr-mehr-als-220-kilo-verpackungen-pro-kopf-a-1220229.html

www.wwf-jugend.de/blogs/5950/5950/plastk-geschichte-des-kunststoffes

www.zdf.de/kinder/loewenzahn/plastik-102.html

www.zeit.de/wissen/umwelt/2018-07/plastik-meer-tiefsee-nordpazifik-muellstrudel-oekosystem

(Stand: 04.02.2022)